Рассказы

Иван Сергеевич Шмелев

Рассказы

ISBN: 978-1-64439-779-4

СОДЕРЖАНИЕ

СОДЕРЖАНИЕ

СТЕПНОЕ ЧУДО

Сказ

Какого царства, какого государства - не сказано, - только и не в турецкой земле, - лежала широкая степь, подремывала, снами перемогалась, Миколе-Угоднику молилась. А народ на той степи жил не так, чтобы разумный какой, но только лаптем щи не хлебал, а как быть полагается.

В колокола позванивал, попов не то чтобы уважал, а обиды не делал. И разбоя большого не было, - так, маленько пошаливали разве. Родителей не то чтобы почитали, а бивать на миру совестились. Жили ни богато, ни бедно, мимо чужого не проходили, а чтобы силком, к примеру, - закона не забывали. Микола-Угодник не пустое место, - нет-нет, а и погрозится, строгий. Да и Илья-Пророк - нет-нет да и погромыхает.

Тоже и Матерь Божию почитали, помогу бабью, - скорбей тоже повидала, ласковая.

С этими-то помогами и жила степь; помаленьку и грамоте разуметь стала, лапти поскидавала, посконь на ситцы посменяла.

Забрел раз на ту степь иноземный торговый человек, оглянул ширь-ровень и говорит:

- Много земель видал, а такую степь впервой вижу. Быть ей богатой над богатыми, счастливой над счастливыми. То все возишки были, а тут возище! Хоть и не споро едет, а раньше другого легкого на горе будет. А сорвется - и черепья не соберут!

Прослышали про то мужики степные и говорят:

- За-чем... У нас и поговорка такая есть: "Тише едешь - дальше будешь". - Так и жили.

А степь-то была какая... - не оглянешь! Друг про дружку путем не знали, что с одной степи кормятся. И про степь-то свою не знали, какое и звание-то у ней. Степь и степь.

Как ставились в солдаты, спрашивало их начальство:

- А ну, знаешь, какого государства будешь?

Не знали:

- А со степу мы!

А то и так:

- Мы-то?.. Коркино, може, знашь? Оттуля.

Ну и побойчей бывали:

- А Луговскова уезду!

А то и грамотные случались:

- Смологонской губерни, Дегтевскова уезду, Лаптевской волости, села Посконь!

- А государства какого? Родина у тебя имеется?!

- Имеем. Родина наше будет... село Посконь.

- Ну... отечество твое какое? отечество?!

- Отечество... Отечество наше будет... Михайлов?.. Иван Михайлыч.

- А, дурак... Ну, а государства?!

А Бог его знает, что за государство! Про его и старики не знали.

Так вот, на самой той степи, по осени, непогожей ночной порой, зашумело и зашумело, - будто сваи вколачивают! И такой хруст пошел, - не то кости ломают, не то сухостой валится. Да такой вой поднялся, - волки не волки... - а будто и с бабьим схоже. Попрятались мужики на полати да за печь, Миколу-Угодника поминают, - жуть! Поутру ходили на степь глядеть, - нет ничего! Может, и примерещилось...

Шел с ту пору дарьинский мужик Родивон в Михайловку, за колесом к кузнецу.

Идет по большой дороге, чуть-свет, травку стало видать маленько. Версты три прошел - слышит: позывает, - к низинке, будто. А с дороги-то не видать, туман. Приостановился Родивон и слушает:

- Оооо... о-ох...

Жалостливый был Родивон, и взяло его за сердце.

- Воет-то как неладно... - думает, - никак баба?.. Вон оно, дело-то на что выходит... ночью-то намедни!..

Спустился б ложок, - и стихло. Окликнул, - идти-то боязно:

- Чего ты там...эй?!

И слышит опять - стонет.

Плечом поежил, мурашков стрясти чтобы, шагнул в лог поглубже, глядит - баба! Лежит, ногами к нему, полсатажки гвоздочками подбиты. Подивился: баба, а полсапожки и доброму мужику впору! Ближе подвинулся...

Самая заправская баба, во всем снаряде. Сарафан - зеленый, с позументом, как у Дарьи в укладке берегется: рукава холстинные, красными городками шиты, - в Дарьине старые бабы носят; шушун - откинут, рукавчики чутошные, красным подшивом оторочены...

Пригляделся: красное-то оно красное, да кровь! Помаленьку стал с головы оглядывать...

Голова непокрыта, коса закинулась за ольховый куст...

Глядит Родивон - мать ты моя-а!.. Ну и косища! Русая да толщенная, - в руку не заберешь. И вся-то кровищей залита! Глянул к кусту - блестит. Парчовая кичка, позументом запутана, повисла.

- Богатая была баба... - думает Родивон, а самому жуть.

Стал дальше оглядывать.

Лоб чистый, не такчтобы высокий, а как бабе пригожей полагается. Брови... Ну и брови! Акак глянул во вселицо, - и жуть пропала.

- Ну и баба была... приятная баба! - думает Родивон. - Маленько на Дарью мою похожа. Грудь-то - гора! Десятерых прокормит...

Очаровался Родивон над бабой - и про колесо забыл.

- Эй, родная! - позвал тихонечко, чуть не плачет. - Да кто же это над тобой так?.. Да его, прямо... Отозвалась баба - застонула. Дрогнули - поднялись ресницы, и зашлось в Родивоне сердце: глянула на него полными слез глазами.

- Бабочка ты сердешная... - заплакал Родивон, припал на колени, - да чьих ты будешь-то? да откудова ты сюды попала?.. Всех баб здешних знаю, а тебя и видать не видывал! Да кто же это над тобой надмудровался, наиздевался так?..

Глядит баба на Родивона, как святая икона...

3

- 0-о-ох... - стонет, не сводя глаз, - дети родные... Закрыла глаза, - и пошло по лицу, как облако. - Обмерла... - думает Родивон. - Дети?!.. Ах, сукины дети... а?!

Поглядел на бабу... Куда ее донести - саженная! Постоял-постоял, шапку помял...

- Ладно. Схожу за колесом, объявлю. Дадут подводу - может, еще отходишься... Взглянул на лицо...

- На-вряд... Житья-то твоего осталось до вечера. И пошел от нее, скушный. Идет и думает:

- Мать-то такую расчудесную!.. За что ж они ее так испозорили, а? Может, делиться начали?.. Выбрался Родивон из лога, оглянулся. Лежит баба, не движется, полсапожки ясными гвоздочками играют.

Подумал:

- А ведь не ладно так-то... Народу всякого шляется, еще разуют?

А полсапожки важнецкие. Сыму-ка я с ее полсапожки для сохранности?..

Воротился к бабе, стал легонечко с ее полсапожки стаскивать. Тянет да приговаривает:

- Для сохранности я-то, не сумлевайся. Может, и чуешь ты, голосу только подать не можешь? Так вот, ей Богу, греха на душу не возьму, Микола-Угодник видит! Убогого человека да разувать... Я Дарье своей намедни справил, только гвоздочки дороги... А их, сукиных сынов... мы сыщем!.. будь покойна... сыщем!..

Лежит баба - не шелохнется.

- И с чего жалею-то я тебя так, а? И с чего ты приятная такая?.. Над матерью так!.. Ну, бывает... ну, поскандальничают, поохальничают... ну, вдарят раз... Касьяшка намедни старухе руку поленом перешиб... дак он на всю деревню один такой! Бога-то ее помним. Коли слышишь, вот тебе сказ: для-ради сохранности разул! Ну и полсапожки!.. Подковки, никак, серебряные?.. больно светлы?..

Вышел Родивон на дорогу, полсапожки за верха держит. И что за диво?! И матерьялец легкий, а оттянуло руку! Опустил

4

полсапожки наземь, а нога сама в полсапожек лезет! Влезла с сапогом, а все свободно?!..

Подивился Родивон, всунул другую ногу. Попробовал ступануть, - не сдвинешь! Испугался тут Родивон;

- Ох, не простая баба, не человеческая!

Скинул полсапожки - бежать! И слышит за собой: топы-топы... Оглянулся, - за ним идут! Схватил себя Родивон за шапку... - мать родная! Идут полсапожки к нему, боле сажени забирают. Не убежишь. Да и бежать не может: свело ноги.

Дошли до него - и стали.

Покрестился Родивон, закрестил полсапожки, - стоят, не движут. И отлегло от сердца. Вспомнил: крест ведь на ней видал! - Литой крест! А полсапожки я для сохранности. Стало быть, ей желательно, чтобы полсапожки ейные в сохранности у меня остались... Ох, не простая баба!..

Взял полсапожки уважительно, - руки о травку вытер, - пошел про чудесную бабу объявить. Зашел за изволок - нет его...

***

Шел той дорогой солдат с похода, мешок за спиной нес. Устал, свернул цигарку и привалился. Пригрело солнышком - задремал. Только задремал - слышит: воронье кричит. Глядит - сила воронья, кружат в сторонке, неподалечку.

- Падаль, не иначе... - думает, - а, может, что и живое, не дается? Вот они, сволочи, и кружат, шпикулянты...

Вспомнил тут солдат про мешок: много добра несет! Развязал, на досуге стал переглядывать...

- Брюки новые, офицерские... сапоги лаковые, с самого ротного, довелось... послал Бог счастья! Маньке шелку-бархату кусок цельный, - ахнет! Подметок три пары, сахару десять фунтов, ложечки серебряные, вина бутылка, чаю замечательного три завертки, понсигар... А это чего? Цир-куль: планты мерить. Табачку три фунтика, ланпочка иликтрическая, на ворота, для красоты! Часов двое - золотые, серебряные! Мать честная!.. А тут... билеты государственные! В овине до время спрячу... Как опять все наладится, вдарюсь в самую шпикуляцию, трактир открою... И Божье благословение имеется, в рамочке... Микола-Угодник, будто... по строгости? Высеребрен-то как ясно!..

Думает про добро солдат, а воронье - кар-карр!

- Взглянуть, что ль, пойти, чего базарют?..

Взвалил мешок, в степь пошел. Поднялась воронья - туча-тучей.

Спустился в ложок, глядит...

- Женщина?!. Нарядная, а босая... Разули, черти!.. Ай загуляла, молодка?.. - окликнул солдат, веселый. - Подымайся, гулять пойдем! Ну и бочищи!.. Эй, Дуня!..

Шагнул поближе - все тут и увидал солдат. Перевел дух, утерся...

- Фу, черт... как напужала... За Маньку принял! Нет, не Манька. А здорово похожа... чистая раскрасавица... была!

Присел на карачках, в ногах заслабло. Цигарку сосет - попыхивает, а руки - дрожью.

- Стало быть, тут убийство... И разули. А креста не сняли. А золотой, будто? Теперь бы за этот крест...

Глядит - в ухе серьга, жемчужная! Подумал солдат:

- Ей в могиле без надобности, а нам сгодится. Я, огоди, тебе и могилку вырою. А крест я с тебя сыму... я тебе за его сосновый вытешу...

Потянулся солдат крест сымать...

Подняла женщина ресницы-стрелы, повела строгими глазами, как на святой иконе, да как глянет!..

Обомлел солдат, не дыхнет. И слышит, будто из-под земли, голос:

- Не тронь!

И с того взгляду строгого, с того голосу подземного, повернулось у солдата сердце. Поглядел на свои штаны - кровь. На руки поглядел - в крови руки... И слышит за собой оклик:

- Эй, чего у вас тут не вышло?!.

Глядит - двое еще стоят. Один - матрос, на шапочке

буковки *линялые*, - "Три Святителя". Другой - заводской, с ключом, с молоточком, - слесарь. У матроса лицо румяное, сытое. У заводского - *худищее, брови к носу*.

Говорит им солдат:

- Женщину вот убили!..

А матрос и спрашивает, веселый:

- А за чего ее успокоил-то?

- Как-так, я успокоил?! - так и взвился солдат. - Ты ее *саданул, может*... а мы *такими делами не занимаемся*! По шпикуляции - это так, а душегубством... не занимаемся. А матрос смеется:

- А *грабли чего в крови*? Товарищей не опасайся!

- Какой я, к шуту, тебе товарищ?! - осерчал солдат, - Чего - грабли? Руки у меня с войны все в крови, не отмываются...

- Ладно, - матрос смеется, - одна не в счет. Карманы-то у ней имеются? Стой, мы ей *легистрацию* наведем сейчас... А ну, мамаша?..

- Брось, товарищ... - говорит заводской *сурьезно*. - Мертвую тревожить не годится! Выругался тут матрос нехорошо:

- По-шел ты... Живых тревожили, не боялись! Не засть. Сам, небось, по *карманному производству* руку набил... Эй, мамаша... а ну-ка, *покажь*, и где тут у тебя... *кармаша*?..

- Нет, брат, - стал заводской *серчать*, - не по карманному производству мы, а по металлу... А матрос гогочет:

- Во-во! До металла я и охоч. Вон и крестик... чем не металл? Солдату-то не *доспело*. Проба-то на нем имеется?.. Дойдет и до него *черед*, а сначала пощупаем *мочалу*. А ну, помогай, товарищ...

- Нехорошо! - говорит заводской, *брови к носу*. - Капиталистов мы щупали, а над мертвыми ругаться рабочий человек не может. И крови рабочий человек не любит. Не товарищ я тебе по такому делу.

А солдат сидит-обомлел, другую цигарку вертит.

- Не товарищ! - кричит матрос, - а как винцо пить да денежки делить... - первые?! Другие за вас кровяную работу делай? На готовенькое бы только?.. Черт... да у ней все карманы вырваны!.. Ай да солдат! Да ты ее еще, может, и...

7

- Не трожь, живая!! - как крикнет заводской, не в себе...

За голову схватился - бежать!

Будто-чего почудилось! А матрос ничего, ругается:

- Зайцы - черти! Напакостили да-в кусты?!. А ты прямо действуй! Я мощи вскрывал, да не боялся! "Три Святителя" у меня на голове, сам четвертый! Я сейчас дознаю, живая она ай мертвая. Жилку такую знаю...

Обругался нехорошим словом и схватил руку женщины...

Тути случилось.

Поднялась рука - полнеба закрыла. Дрогнул матрос и пал под накрывшей его десницей.

Глядит солдат: что такое... матроса нет?! И видит: растет женщина, ноги по всему логу, руки на степь закинулись!..

Встали у солдата волосы дыбом, пополз на карачках в степь. И мешок свой бросил.

***

А уж и ночь на степь пала. Воронье по местам село. Ни зги не видать - темно. Только совы за мышами шарахают.

Вылез бес из болота, постоял - послушал... И говорит:

- Ладно идут дела! Ану-кась?..

Привалился к земле - и слушает: чу-уть позывает - стонет, как мушка у паука в тенетах.

- Скоро можно и шапку надеть... лихо! - думает себе бес. И давай плясать-гукать! Плясал-плясал...

- А ну-кась?..

Привалился - и слушает: та-ак, будто комарик чутошный, позывает-стонет.

Потер бес лапы, шапку из-под хвоста вытянул, на корявую головешку насунул - в поход собрался. Идет-попрыгивает, падалью от него порыгивает. А совы так вкруг него и летают, так и шарахают... Остановился и думает:

- Главное бы дело выгорело! Пьяница, может, какой пройдет, крест сымет?.. А там плевое дело - в болото затащить. Тогда и вся степь наша! Подох Гришка-матрос, дрогнул! Верного друга потеряли. А ну-ка-сь?..

8

Припал бес к кочке - и слушает: та-ак, вполчуть, ровно травка по ветерку позукивает.

- Последняя ее кровь ходит... - говорит бес, язычище до пуза вывалил. - Пять минут и разговору осталось. Только бы пьянчужка какой набрел. Разбойник с нее креста не сымет, а пьяница не задумается.

И давай вызывать скрозь землю:

- Эй, Мишка, иди!

Эй, Гришка, иди!

Васютка,

Стешка,

Аксютка,

Лешка,

Сысой,

Ивашка,

Косая

Машка,

Хрипун-Костюшка,

Стигней,

Настюшка,

Федул,

Микитка,

Пахом,

Улитка,

Вавилка,

Прошка,

Ермил,

Ерошка,

Максимка-Бубен,

Хохол из Лубен,

Дурак-Трохимка,

Снохач-Яфимка,

Похабник-Пашка,

Блудилка-Дашка...

- Всех степных пьяниц перебрал - не слыхать! Осерчал бес, с досады под хвост полез...

- Вот черти! С матери родной сымали, а с этой - чего боятся! А я-то им в ухи дул: мачеха она вам лихая!..

Хвостищем за ухом поскоблил - и вспомнил:

- Касьяшку-пьяницу помянуть забыл! Живореза-то самого!.. И давай:

- Товарищ Касьяша,

Варится у нас каша,

Лежит на степе падаль,

Златого креста не надо ль?..

Слушает - не идет Касьяшка!

- И чего ее боятся, черти?! Это мне все старый Микола портит! Почитай всех забыли, а его все помнят. И опять, давай:

- Товарищ Касьяша,

Пришла пора наша!

Сымай крест с падали,

Чтобы все перед нами падали!.

Слушал-слушал, да как задерет хвост дудкой... - идет! Да и заерзал что-то...

То тем, то другим ухом приладится... Скосил морду, - и говорит:

- Твердо чтой-то шагает ноньча?.. Я его ход знаю...

Слушает: шагает неспешно, с усталью, - топ-топ-топ...

И каблуки слыхать..?! А у него и лаптей-то отродясь не было!..

Слушал-слушал лопоухий бес, а шаг все ближе...

Сел на кочку, бельма выпучил - не поймет. А тут, будто, как ветерком пахнуло. Глянул - да и присел-пришибся: старый Микола из-под зари грозится! Темное лицо, во все небо! Погрозил - и пропал зарницей.

Заерзал-затрепыхался бес, крикнул:

- Матери твоей черт!..

Да как лязгнет зубом, как копытами наподдаст, так по деревням все собаки и взвыли. Поджал хвост, да и бух в болото.

***

10

Шел с далекого края воин. Шел без дорог, прямиком, через болота да буреломы, оврагами да лесами, глубокими снегами. Ноги сбил, порвался, изголодался. Родину шел-искал. Спутал к ней бес дороги, завалил-завеял, волков рыскать на волю выпустил. По слуху шел, прямиком, откуда позывает. Шел-шел - и не стало слышно. Остановился, как на распутье, поднял глаза к темному небу и помолился:

- Господи!..

Смотрит - рука на небе! Подняла та рука край тучи и показала зарю. А из-под зари старый Микола смотрит...

Миг один - и пропал зарницей. Всполохнулось у воина сердце, и крикнул он во всю степь ночную:

- С нами Бог!

И видит: бежит золотой комарик, - чутошный огонечек с неба, - свечечка копеечная. Убогие старушки - такие ставят. Может, и нашлась на всей степи одна святая душа, молилась в ту ночь за сына...

Пала та свечечка на темную степь и погасла: чутошным огонечком встала.

Не проглядел ее воин. Идет и идет, а огонечек его ведет...

И довел до лога.

Встал воин на краю лога - видит: лежит женщина, разута - раздета, в головах у нее свечечка теплится...

Ударило его в сердце, кинуло в лицо кровью, зажгло слезами глаза - застлало. Признал воин светлое лицо то и крикнул голосом, во всю степь ночную:

- Родимая!..

Услыхала родимая звонкий голос, подняла свои ресницы-стрелы, взглянула глубокими, полными слез глазами... Заглянул воин в страждущие глаза: не смерть ли?..

А тут и светать стало.

Стоит воин один в логу. Помертвело его лицо, - только глаза горят. Порвано на плечах, порвано на груди, и на ногах, - все порвано...

Огляделся, - один туман!

Покрестился широким крестом на небо.

А свечечка и снялась с земли и в руку ему дается.

Понял воин тот знак Господень, рванул на груди рубаху... - и увидало белое небо пятнышко на груди - знак жертвы.

Принял воин святой огонь - и прожег себе грудь Крестом, через то кровяное пятнышко.

Тут и погасла свечечка.

Встал воин в головах, уперся в сырую землю, подвел руки под плечи женщины...

И крикнул на степь, в туман:

- Эй люди!.. Слушает... Нет ответа.

Увяз воин в сырой земле, последние силы напрягает. А родимая не опускает стрелы-ресницы свои, глядит на него глубокими, полными слез глазами... И в другой раз крикнул:

- Эй, други!..

Слушает: петухи по деревням перекликаются?.. Вот-вот разорвется сердце. А Она смотрит, смотрит... И крикнул криком нечеловеческим:

- Эй, братья!.. Пошел по степи шорох. Петухи кричат по деревням, будят. И слышит человечий голос:

- Иду...

И слышит еще:

- Иду...

Много-много. Шумит-шевелит травой...

И мужик с колесом бежит:

- Я, Родивон из Дарьина... И еще, много-много, - будто трава степная...

Подняла женщина ресницы-стрелы, глядит радостными, полными слез глазами. Слышит: шумит и шумит по степи!.. Закинула белые руки за голову - и потянулась... Ноги из лога вышли, руки на степь закинулись... Да где ж коса-то ее?!

Далеко стоят леса, осенние, золотые в солнце. А лоб белый?

Вытянулись белые пески. А глаза, полные слез, святые? Нет глаз: синие моря, синие... далекие, чуть видны.

И не высокая грудь, а горы ушли под небо. И шушун самотканый - поля оглаженные, и сарафан уж не сарафан, а луга, реками-позументами шитые... А руки белые - пути без конца, без края...

***

12

Стоит Родивон - видит. Заплакал и поклонился земно. Испугался - вспомнил:

- А полсапожки-то я куда...?!

Проснулся - темно в избе. Шумит за окошком степь, шумит ветром.

- Сон приснился... - думает Родивон. - За колесом к кузнецу все шел...

Потер кулаком глаза. Пора и за колесом идти. Слез с печи, подошел к оконцу, глядит в темную степь, - опомниться все не может.

- Сон-то какой привиделся!..

И стало ему и жалостливо, и сладко. И пожалел, что это во сне было. Вспомнить хотелось невиданные глаза те, - не мог вспомнить. Стоял у окна и слушал: шумит по степи ветер.

- За колесом, что ль, собрался? - окликнула его Дарья. Опомнился Родивон, сказал:

- За колесом... да светать чтой-то не светает.

- Чего ж спозаранков-то поднялся?.. - Да так...

Оделся и пошел к кузнецу за колесом. Чудно! Только вот во сне было...

Прошел версты три, - вот и ложок тот самый. Остановился, послушал - не позывает ли. Нет, не позывает. Сошел с дороги, заглянул в лог...

Шумят на ветру ольховые кусты - и только.

ЗАБАВНОЕ ПРИКЛЮЧЕНИЕ

I

С имением дело наконец выяснилось. Генеральша от-ветила, что, потеряв на войне сына, она уже не в силах ве-сти хозяйство и готова продать; что ей только и остается тихая келья и нужно теперь же получить десять тысяч, чтобы не упустить домик в монастыре, а то могут и пере-бить. Поэтому пусть ей сейчас же телеграфируют, а то на-бивается Провотархов.

Карасев пробежал эти пустяки, ища главного — сколь-ко просит, нашел, что согласна за сорок тысяч, назвал ге-неральшу дурой и решил сегодня же ехать и кончить. Одного лесу было тысяч на пятьдесят. А главное — рядом с его заводом.

С войной ему повезло. Захиревший заводик теперь был завален заказами на подковы, гвозди, грызла и стре-мена. Со свояком, москательщиком, скупил он на послед-ние десять тысяч, заложив женин дом, подвернувшуюся партию индиго, а через год продал за полтораста. С Бри-тым, который раньше торговал книгами, вовремя ухватил сапожные гвозди, а там подошли подошва и олово, кноп-ка и нафталин и, наконец, чудесный дом-особняк, недав-но отстроенный немцем Граббе, бросившим все дела на биржевого зайца.

Позвонив какому-то Николаю хватать у Павлушкина всю муру и телеграфировать "саратовскому болвану" зуба-ми держаться и не выпускать ни за какие деньги; отдав еще невнятные приказания, в которых только и было по-нятно, что — "напильниками меня зарезали" да — "этой сталью я ему морду утру",— Карасев приказал готовить ав-томобиль в дорогу.

После недели дождей с утра засияло солнце: в такую погоду было приятно покатить за город по хорошему де-лу. Глядя на яркий газон палисадника, с красными астра-ми в черных клумбах, Карасев вспомнил, что надо по-слать денег жене в Алупку и написать, чтобы не торопи-лась и жарилась с ребятами на солнце. "Да и ей надо завезти,— подумал он про Зойку, которую отыскал в Екатеринославе, в летнем саду, и вывез в Москву, обещая устроить в оперетке,— ждет, шельма..." Увидал в зеркале свое круглое, красное, как титовское яблоко, лицо с раздувшимися щеками и пошел в ванную принять душ. Так присоветовал ему англичанин Куст, славный парень, с ко-торым сделали они дельце на соде: в тридцать два года нельзя позволять "такой пуз". Раза три звонил телефон, пока он возился в ванной, и он всякий раз вызывал к себе горничную Машу, фыркавшую за дверью:

— Кто еще там?..

— Да все ваша.

На новый звонок он подбежал к телефону, в просты-не, сказал, что выкупался сейчас, как скворец, посоветовал и ей пополоскаться и заявил, что сегодня у него дельце "а-ля карман" и ехать на Дмитровку ему никак не придет-ся. Она настаивала, чтобы непременно заехал к ней.

— Нет, дудки-с!

Она, конечно, требовала денег. За три месяца эта пер-вая содержанка стоила ему тысяч двенадцать, но он уте-шал себя, что у всех, с кем делал дела, были и более дорогие. А теперь кто же считает на тысячи! Да и должно же чего-нибудь стоить иметь такую: двадцатилетка, краса-вица, и такой голос, что компания в Яре, где ужинал вче-ра миллионер Сандуков, директор четырех банков, высла-ла своего лазутчика, маклера Залетайкина, и просила объ-единиться, чтобы выразить восхищение. И не двенадцати тысяч стоило, когда он, на глазах Сандукова и важного пу-тейского чина, усадил Зойку в автомобиль, плотно сел ря-дом, а те гнались за ними до самой квартиры Зойкиной, куда и были приглашены для встречи зари с балкона на восьмом этаже. Это было приятно, но и немного тревож-но, как бы не перехватили Зойку. Но было и важно, что теперь будет обеспечен кредит.

Он принялся за кофе — прежде он пил чай с калача-ми— и

намазывал маслом поджаренные хлебцы. Этому научил его Бритый, с которым покупал гвозди. И пока пил кофе, по телефону свалилось семнадцать тысяч. При-казав выписать в синий пакет три тысячи, он выругал стервецом кого-то и пообещал, задрожав щеками, что вся станция полетит к черту:

— Я вчера с таким персончиком ужинал, что у них все ноги поотымаются, у чертей!

Пробил час. Шофер подал тройной хрипящий гудок, похожий на свиной кашель. Маша приготовила чемодан и плед и спросила, когда ожидать домой.

— К ночи буду.

Он сунул в бумажник пачку петровок — на десять ты-сяч, задаток для генеральши: чего баба понимает в че-ках! — прибавил тысячу сотенными — для шельмы, надел походную, как он называл, куртку боевого цвета, покроя "френч", с клапанами и кармашками, высокие сапоги и крутого сукна спортсменскую кепку, с большими кон-сервами, и стал похож на автомобилиста с плаката.

II

Во дворе, на боковом подъезде, он не без удоволь-ствия оглянул промытый дождями широкий асфальт, за-литый солнцем и совершенно серый теперь, с парой сы-роватых полос в елочку, от автомобиля, гараж из бурого камня, похожий на пещеру, и, наконец, машину. Машина была — шестидесятисильный "фиат", гоночная, приземи-стая и длинная, похожая на торпеду, с приятным овальцем, как у ковша,— где садятся,— и мягкой окраски лаки-рованного ореха. Это была вторая машина, сменившая малосильную каретку. Теперь и эта "калоша" не нрави-лась и доживала последние дни,— вот только придет из Англии. Худощекий шофер, похожий на мальчика-англи-чанина, в кожаной куртке, строго сидел с кулаками на ру-левом колесе, готовый хоть на край света.

— На завод, к пяти... — бросил ему Карасев, грузно входя в машину и защелкиваясь с треском.

Он надел виксатиновое гороховое пальто, натянул кепку и погрузился по самые плечи в ковш.

Кашлянув раза два, вынырнула машина из ворот на почтительно козырявшего городового, вильнула и заверте-лась по переулкам. С Мясницкой повернули на бульвары и остановились у десятиэтажного дома: надо было завезти Зойке деньги.

Карасев поднялся в восьмой этаж и застал Зойку за ко-фе. Она порхнула к нему и кинула ему на плечи тонкие руки, выюркнувшие из кружев.

— А Сандуков уже был у меня с визитом! Слышишь, его сигара...

Она плутовато заглянула в нахмурившееся лицо Карасева и закрыла ему рот его же щеками.

— Но какого черта этот самовар шляется! — сердито сказал он, высвобождая губы.

Она наивно вскинула брови:

— Самовар... вот прелесть! За город ты?! Я еду с то-бой! — захлопала она в ладоши, давая ему розовые паль-цы-коротышки, которые он называл — "ляпульки".

— Я на завод, по делу... — сказал Карасев, хму-рясь. — Больше ста верст.

— И сегодня вернемся?! Нет, я еду!

Это значит — лететь, как птица, как на гонке.

— Только с тобой и ни с кем больше! Это ему понравилось.

— Сегодня мы поедем с кузнечиком! — сказала она за-гадочно, ускользнула от его рук и крикнула: — Одеваться.

А он занялся хозяйством: достал из буфета коньяк и флакон ликера, положил в чемодан и позвонил Елисе-еву, чтобы немедленно приготовили "компактный дорож-ный завтрак". Потом терпеливо шагал и думал: как, одна-ко, быстро натаскала она всякого мусора! теперь жалует-ся, что тесно. Шелесты и каблучки за дверью, стук флаконов и скачущие словечки — "да скорей лее, скорей... где же перчатки... застегни на верхние пуговки... почему складки?" — все это приятно щекотало. Он прислушивал-ся и мурлыкал. Потрогал фигурку голого мальчика, куп-ленного за двести рублей, — "это будет наш маль-чик", — сказала Зойка, — и нетерпеливо постучал пальцем в последнюю клавишу новенького пианино, вспомнив при этом, что за пианино заплачено тысяча двести, за этот ко-вер пятьсот, за тигровую шкуру — не настоящую, но кто разберет! — триста.

— Сейчас! — крикнула Зойка, и лицо Карасева заси-яло: распахнулась портьера, и выпорхнула женщина-куз-нечик.

Она была вся зеленая, до рези в глазах, новая и... бо-сая. Так ему показалось. На ней были высокие, до колен, башмачки розовой лайки. Это был не прежний "святой чертенок": это был кузнечик с головкой женщины, драз-нивший его яркой окраской рта" и тонко тронутыми на-водкой прелестными синими глазами.

Она чуть приподняла юбку и качнула ногой.

— Нравится?..— спросила она задорно и упорхнула в переднюю.

В лифте он крепко, до писка, прижал ее и назвал сли-вочным зайчиком, а она шепнула:

— А к ночи ко мне?..

И так кивнула, дразня ресницами, что Карасев почув-ствовал себя счастливцем, что имеет такую женщину. Удачно случился тогда в Екатеринославе!

И швейцар, распахнувший парадное, и господин по-чтенного вида, с портфелем, и даже шофер — все смотре-ли, как эта зеленая женщина порхнула в автомобиль. Все дивились ее стройным ногам в тугой розоватой лайке, по-чти дб колен открытым зеленой юбкой, тонкой и воль-ной, как ночная сорочка. Ее прикрывало коротенькое манто, последней модели, прибывшее из Парижа морем; а шляпка-каскетка, с серой птичкой в полете, придавала ей очаровательный вид кузнечика-женщины, тонкой, лег-кой и цепкой. Она вошла в лакированный ковш машины и погрузилась по шейку, будто в теплую ванну. Грузно опустился к ней Карасев.

— Сейчас половина третьего,— сказал он шоферу.— К семи чтобы на заводе.

III

По дороге они захватили "компактный дорожный зав-трак", тростниковый баульчик в ремнях, изобретение Карасева, которым он так гордился. Тут было легкое и пита-тельное, на полсотни, перенятое от англичанина Куста вместе со словом "брефест", которое Карасев насмешливо переделал в "брей-хвост".

Вынесло на шоссе — и открылся синий простор в позо-лоте первых осенних дней, в свежем ветре. Солнцем сле-пило с прудков и луж;, радовало красной тряпкой на пряс-ле, золотой березкой на бугорке, новой зеленой крышей. Швыряло в лицо дымком, прелью подбежавшей к дороге рощи; то вдруг охватывало весной, слабым запахом пер-вой луговой травки с солнечного откоса, то полыхало душно тяжким жаром машины. Машина пела. Под кула-ками настороженного шофера мягко заносилась она на за-воротах, рокотала по мостикам, выбрасывая из-под колес пожранное пространство. Далеко выщелкивала, словно из пистолета, кремни, жвакала в редких лужах, секла их, как бичами, сверлила рвущуюся к ней даль, раз и раз от-швыривая камни-версты, тревожа дремлющие деревни, взметая стайки грачей.

— Ах! — крикнула задохнувшаяся в бешеном лете Зойка.

— Ходу! — заревел Карасев, перегнулся к бурому за-тылку шофера и поднял щиток от ветра.

Вытолкнуло броском, и теперь новая песня сверлила воздух. И уже не разобрать было, столб ли летит, дерево ли, или перила моста. Подымались из-за бугров столбы и проваливались назад, наплывали золотые рощи и бежа-ли, как сумасшедшие, чтобы сгинуть. Мигали искорками оконца, чернели шапки, — стога ли, избы ли, — не видать.

— Свежо-о?! — крикнул Карасев Зойке в лицо, чмок-нул и прикрыл пледом. — Дудуська-а!..

Слова срывались и уносились ветром.

Карасев осел и уперся кулаками в сиденье, чувствуя подымающее, победное, страшную силу, словно это он сам — эта бешеная машина и нет ему никаких пределов. Увидал, как треплется выбившаяся черная прядка волос, увидал побледневшее под тонкой окраской лицо, совсем мальчишеское теперь, глянувшие на него, полные задора, о глаза, крепко сжал маленькую руку и подумал сладко: вот оно, счастье!

— Ходу!!

Встречный возок полетел в канаву. Задом наскакал и провалился солдат на лошадке, в шинели горбом, с зе-леными шарами сена в сетках. Миг один мчалась собака сбоку. Выкатился на горке и поклонился им белый дом запустевшей почтовой станции в старых ветлах, с черным узеньким орлецом. За версту закашлял и заревел гудок: переходило дорогу стадо. Пришлось сбавить ходу и оста-новиться совсем. Шершавые коровенки, с провалинами у крестцов, словно одурели от хрипучего кашля гудка и сердитого клокотанья зверя и крутились, задрав хвосты. Пастушонок, в шапке стожком, щелкал кнутом и прыгал. Черные овцы тыкались мордочками в колеса и перебира-ли копытцами.

— Гони к чертям!

А тут отделился от кучи щебня старик пастух, в полу-шубке и продавленном котелке; уставился иконным ли-ком на Карасева и попросил на табак.

— Гони чертово стадо! — крикнул на него Карасев, за-дрожав щеками.

— Чертово-то без ног бегает, черта возит... — сердито сказал пастух и пронзительно засвистал в пальцы.

Выехали, — и только теперь Карасев заметил, как пу-сто в полях и на дороге и как тихо. И еще заметил, что уже не под синим небом едут они, что нет солнца и засве-жело и засинело впереди, справа.

— Я совсем замерзаю...— кисло сказала Зойка.— Ниче-го интересного...

— Еще бы, ты в лоскутах каких-то... моды ваши. Стой, запасной вынуть!

Карасев поднял сиденье, но запасного плаща не оказа-лось. Он обругал шофера болваном и получше укутал Зойку.

— Теперь скоро.

— И почему без верха! Предпочитаю каретку...

— Это гоночная машина... портить фасон! Да и не ду-мал, что тебе вздумается ехать.

— Не знаю уж, кому вздумалось! — сказала она капризно.— Ваши затеи все.

От синевы справа сильней наливало ветром, и по се-рой полосе было видно, что там идет дождь.

— При чем тут мои затеи! — ворчнул Карасев, чув-ствуя на лице первые брызги.

— Ах, оставьте!

У ней покраснели глаза и заслезились.

— Ходу!

Опять неслись по пустой дороге, словно чем даль-ше — меньше и меньше было людской жизни. Не было деревень или не видно их было в беге. Низиной пошла дорога, с кусочками по болотцам, чернеющими стенами лесов вдали, за пеленою дождя.

— Как бы не перехватил, черт...— забеспокоился Ка-расев, вспомнив по лесу о Провотархове.— Надо было те-леграфировать! Да или нет? — загадал он Зойке.

— Ах, отстаньте... Ну да, да! Она знала эту его привычку.

Он успокоился и принялся мечтать, как сейчас, пере-кусив на заводе, махнет к генеральше и закрепится. Те-перь-то и закрепляться. Верно говорил Бритый — конъюн-ктура! И профессора говорят, что конъюн-ктура. Пройдет год-другой, и кончится эта... конъюн-ктура. И уж не до-ждаться такой растряски. И задумался под напев мотора: по именьям да по лесам надо; стройка большая будет, как накорежили! Вытащил записную книжку и пометил.

21

— Что ты записываешь? — полюбопытствовала Зойка.

— А чтобы Зойке потеплей было...— наклонился он к ней и крикнул в ухо такое, что она сделала большие глаза и назвала бесстыжим.

— Ужо поговорим! — крикнул он в душивший его ве-тер, а ей послышалось: "В Рим!" — и она крикнула:

— Поедем в Рим?! да?!

— К черту на рога! — во весь дух крикнул он и хлоп-нул шофера по плечу: — Ходу! предельную!!

Шофер отмахнул затылком — весь ход! Теперь это был не ход, а свист и мельканье. Крутилось и мчалось все, а что — не видно. Острой сечкой било в лицо дождем. Сизое впереди было уже — вот, и дали пропали в мути. И только хотел Карасев крикнуть — ходу! — дрогнуло и осело под ним. Шофер взял в тормоза и уверенно свел до останова.

Лопнуло колесо под Карасевым.

Шофер молча вылез, молча достал из ящика инстру-менты и полез чиниться.

— Ужасно хочется есть...— сказала Зойка.— Должно быть, я промочила ноги.

Сильней и сильней сек дождь, и струйки стекали в ковш, напитывая войлочную подстилку. Уныло кричали кружившиеся в дожде грачи и галки.

— Ничего, с нами коньячок есть. На заводе согреемся.

Карасев представил себе пылающую печку. Можно и ночевать, а подумают там чего — черт с ними! — пола-скал он глазами Зойку. Ветер упал, и теперь поливало на-стойчиво. Попадало за воротник, и пришлось поднять ка-пюшон.

— Ой-ой-ой... — истерично засмеялась Зойка. — Ужас-но ты похож на моржа!

— А ты на кого похожа!

Она топотала, кончик носа у ней покраснел, а подкрас-ка смазалась и открыла пятнышки на щеках. Карасев хму-ро взглянул на нее, и ее лицо теперь показалось самым обыкновенным, как у горничной Маши.

— Ну, скоро ты там?! — крикнул он распластавшемуся на серой грязи шоферу.

— Выдумали катать в какой-то калоше! Только мальчишкам ездить в ваших коробчонках...

— Эта "коробчонка" стоит восемнадцать тысяч! — обидчиво сказал Карасев.— Ее и сандуковская не накроет.

— О господи... Да у него салон, спать можно!

— Только о постелях и думаете...

— Ах, вот что!..

Она толкнула его и хотела сойти, но он ухватил ее и посадил силой.

— Нечего дуру строить... погляди на себя!

Она поглядела на лужи, в которых плясали серые пузыри, и закусила губы. А тут подошел мурластый странник с клеенчатой сумкой за плечами, пытливо пригляделся и попросил басом:

— Капните пятачишко, господа аристократы...

Карасев поглядел свирепо в прыщавое лицо в жирных космах, плюнул и обругал дармоедом.

— Еще потягаюсь, кто дармоедней...— сказал странник и тоже плюнул.— Мочиться вам сорок дней, сорок ночей!

Шофер уныло сказал — готово, прыгнул, и опять стал сечь дождь. Карасев злился: давно бы уже был у генеральши!

— Чего болтал тебе Сандуков?

Зойка вызывающе повела мокрыми глазами, с собравшейся к носу синевой карандашика, поджала тонкие губы и крикнула:

— Это еще что?!

— А вот знать желаю! Чего этот толсторожий тебе хрипел?

Она посмотрела на него, как на грязь. Летевшие спереди брызги сменились грязью, и в Карасева ляпнуло целым комом. Теперь хлестало со всех сторон, пороло дождем, лепило. Машина бешено заносилась в заворотах, выла и скрежетала. Они осели в ковше, уцепившись за петли. Мчало, не давая дышать и крикнуть.

— Тише!..— пытался Карасев крикнуть, но шофер не слыхал за ветром.

И вдруг загремело, словно застучали железные кузнецы,

шофер ахнул и перевел скорость. Рыкнуло, резко толкнуло, и машина остановилась.

— Что еще?!

Стояли в низине, у мосточка. Шофер спрыгнул, словно хотел убежать, сорвал капот с машины и сунул голову.

— Какого еще черта...

— Ехать дальше нельзя...— объявил шофер, дернул шеей и высморкался в пальцы.

— Почему нельзя?! — крикнул Карасев, грузно поды-маясь в ковше.

Шофер опять юркнул головой, по локоть запустил в картер руку, пошарил и показал что-то на ладони:

— Баббит...

— Что это?! — спросил Карасев, косясь на блестящие кусочки.

— Баббит...— растерянно повторил шофер.

— Так исправляй, черт возьми!

Шофер только пожал плечами. Перегрелись подшип-ники, и баббит растекся... Надо тащить лошадьми... Засо-рилась масленка и не подавала масло... Перегрелись под-шипники, и баббит растекся...

— Значит, совсем болван?!

И опять повторял шофер, что ехать никак нельзя, объ-яснял про подшипники и опять повторил — баббит. А тут наползла густая, как дым, туча, закрыла белое небо и полила потоки.

— У меня лужа под ногами! — крикнула Зойка.— Вот ваша проклятая ловушка!..

Дело было совсем плохо. Она промокла, сидела с зе-леноватым лицом и подрагивала губами. Ее шапочка с птичкой съехала набок, и птичка висела вниз головой, распушив перышки.

— Вот...— сказал Карасев растерянно,— придется идти пешком.

Она взглянула на него с ненавистью. Ее губки, умев-шие так впиваться, чуть вывернутые в уголках, потеряли всю кровь и подернулись пленочками, и стала она похожа на больную и скучную, будничную портнишку. Они нача-ли говорить колкости, злить и обвинять друг дружку:

— Мало иметь машину, надо уметь ею пользоваться!..

— Надо уметь одеваться, когда едут в дорогу, а не наворачивать тряпчонок, в которых таскаются по бульварам! Знайте свое дело и не суйтесь!

Карасев вылез из машины.

— Я вам докладывал, где брать масло...— плаксиво сказал шофер.— Я вам докладывал, жульническое пошло масло...

Карасев поднес красный крутой кулак к его носу и потыкал:

— Я тебе до-ло-жу! Там где-нибудь поездишь... там тебе будет масло!

Надо было выпутываться. До завода оставалось верст двадцать, до ближайшей деревни — Труски или Хруски — верст восемь. Место было унылое. По сторонам тя-нулось болото в осинничке. Вперед уходил подъем, и на нем темнел лес. Карасев знал, что здесь начинается кня-жеское имение, где он прошлой зимой был на волчьей облаце, потом Хруски или Труски, потом Кустово и име-ние генеральши.

— Придется пешком. В Хрусках возьмем лошадей...

— Никуда не пойду! — крикнула из-под пледа Зойка. Шофер предложил добежать до деревни и пригнать

телегу. Карасев подумал.

— Постой... Какого черта нам на дожде! Там еловый лес на горе? а здесь мы останавливались недавно...

— Так точно-с, — сказал шофер. — Пили из речки.

Теперь было ясно. Если подняться к лесу, с дороги видна сторожка, где останавливались у Никиты, на облаве.

— Останешься при машине, — сказал Карасев шофе-ру, — а мы дойдем до сторожки и возьмем лошадей. А за машиной пришлю с завода.

Пока стояли, начинали сгущаться сумерки. Черный лес на бугре едва маячил. Даже кустики на болоте затягивало мутью.

— Вылезай, — сказал. — Там обсохнем.

Зойка покорно вылезла из машины, теперь похожей на ласточкино гнездо, — так заляпало ее грязью, — и отряхнулась, как выкупавшаяся индюшка. Шофер конфузливо отвернулся. Карасев только уныло покосился на ее мокрую зеленую юбку, общелкнувшую ноги. В другое бы время он пошлепал ее играючи, но тут только поморщился и помурлыкал.

— Дернул же черт меня... — ласково начал он, беря под руку, но она вырвала руку и толкнула. Он пожал плечами и крикнул:

— Да погоди... взять же надо!..

Вытащил чемодан и компактный завтрак — теперь он был очень кстати — и побежал догонять Зойку. Приостановился и послушал — может быть, едут? Не было ничего слышно, — только шуршал по болоту дождик.

— Вот проклятая сторона... как передохли!

IV

Путаясь в долгополой непромокайке, давно промокшей, догнал он наконец Зойку. Она попрыгивала, как болотная курочка, бежала на каблучках, не разбирая луж, вывертывая тонкие ноги в захлестывавшей, такой недавно чудесной и вольной, юбке.

— Ничего, дудуська... — одобрительно замурлыкал он, — сейчас у Никиты обсушимся, возьмем лошадей — и айда! А уж у меня досохнем. Там и каминчик есть... А чертовски хочется жрать!

— Ужасно, — примирительно сказала она. — Даже кофе не успела выпить... Сандуков еще этот... Послушай, как они жвакают... Теперь все испорчено...

— Да уж собьемся как-нибудь, справим... — в тон ей плаксиво сказал Карасев. — Ах, хитрая ты какая! Сейчас коньячку хватим, омарчиками подзакусим... — продолжал он смачно, поглядывая на баульчик. — А эту калошу к черту!..

26

Скоро настоящий салон придет, на нем хоть в Крым жарь. Ничего, дусечка... время какое! миллионы мокнут! и коньячку нет. А мы еще в приличных условиях... ма-ленькое приключение, забавно даже... А как же вот, в Альпах каких-нибудь будем странствовать! Знаешь, там как?! Надел мешок, взял палку с крюком — и катай по го-рам, по пропастям! Сколько народу погибает!

— Замолчите, глупо! — крикнула Зойка, убив ногу о камень.— Вот простужусь из-за вас и потеряю голос... Да держите же меня наконец! Ну, что вы можете?! Вам только махинациями заниматься... с этими жуликами ва-шими!

— Вы no-тише... вам эти "жулики" деньги платят!

— Деньги!..— крикнула она вне себя.— Смеете еще говорить... какие-то жалкие гроши!

— Халда — халда и есть,— крикнул Карасев, отшвы-ривая ее руку.

Они остановились в луже и переругивались, припоми-ная все гадости, какие знали. Она швырнула ему, что при-крылся какими-то подковами, которые без него сделает всякий дурак, что он дрянь и трус. Он в бешенстве назвал ее ужасным словом. Не будь он такой дурак, так бы и та-скалась по грязным садишкам в Екатеринославе, с обса-ленными актеришками и лакеями, со всякими котами!

— Смеете оскорблять меня?! актрису?! — крикнула она, распахнув плед, словно хотела разорвать платье.

— Трагедию не разыгрывайте... тут одни вороны! Да в тебе и искусство-то одно, что...

Она ударила его по щеке. Он рванул ее за руку и толкнул.

— Ну тебя к черту!

Так они постояли под неустанным дождем, поругива-ясь, а над ними тянулись трескучей вереницей грачи и галки с чуть видных теперь полей.

— Пойдешь наконец?! — крикнул Карасев и реши-тельно двинулся вперед.

Она поплелась за ним. В напряженном молчании они дотащились до вершины подъема. Здесь охватило гулом большого леса. Он глядел на них черной глухой стеной. Сумерки сгущались в сплошную муть: чуть видно было теперь дорогу.

— Вот он, лес...— сказал Карасев, прислушиваясь к гу-лу.— Где-то тут и сторожка...

Но как ни вглядывался,— ничего не мог разобрать: чернел и чернел лес и шумел в ветре.

— Надо перебраться на пашню, оттуда видней...

Он перебрался через канаву и выкарабкался по откосу на пашню.

— Но я же боюсь одна! — крикнула Зойка.

Она полезла, призывая его на помощь. Он сунул ей руку и выволок на пашню. Они пошли, увязая по щико-лотки и спотыкаясь на комьях. Зойка с трудом вытягивала из глины ноги. Наконец они вплотную подошли к лесу, и на них пахнуло затхлостью и жутью. Теперь было вид-но, как мотались мохнатые лапы елей — вели свой лесной разговор в гуле. Это тревожное мотанье показалось Карасеву жутким, будто подавались загадочные знаки — та-инственный, немой говор. Из глубины доносило порою треском.

— Я не пойду...— робко сказала Зойка, приглядываясь к лесу.

— Зачем нам туда, мы краем...— нерешительно сказал Карасев. — Кажется, самый тот лес и есть, строевик... Опушкой надо.

Они побрели опушкой, вдоль канавы, в высокой ста-рой траве, а впереди, сколько хватало глазом, тревожно мотались и махали лапы,— еще видно было на белесом небе. Дошли до угла и опять вышли на пашню. Лес уходил влево.

— Угол! Да где же сторожка?..— неуверенно сказал Карасев, тревожно вглядываясь в мотающиеся лапы.

Но как ни всматривался, не мог ничего увидеть.

— Там кто-то стоит...— пугливо шепнула Зойка.

Карасев пригляделся и увидал невысокого мужика в шапке. Невысокий, коренастый мужик стоял неподвиж-но, у канавы, и смотрел к ним беловатым пятном лица. Совсем над его головой махали лапы.

— Мужик... — сказал Карасев. — Окликнуть?..

И позвал нерешительно:

— Эй, дядя!

Мужик и не шевельнулся.

— Да это же... куст! — с облегчением сказал Карасев, разлядев куст можжухи: в плотном кусту застрял старый разбитый лапоть.

— Вот черт, совсем на морду похоже... — сказал Карасев, шевеля чемоданом лапоть, и крикнул из всей силы:

— Сто-ра-аж!!

Крик вышел жуткий, даже самому стало неприятно. Два раза — ближе и дальше — отозвалось эхо, и близко совсем залаяла собака.

— Говорил, что есть! — крикнул радостно Карасев, разхмахивая чемоданом. — Сейчас в углу и сторожка, от шоссе днем хорошо видно. Там-то и Никита.

Прошли с сотню шагов, и на них выбежала черная со-бака. Карасев пошел на нее, стараясь ударить по морде че-моданом и продолжая кричать:

— Сто-ра-аж!

Наконец в дальнем углу леса они различили красный глазок окошка. Карасев подошел и стукнул кулаком в ра-му. Красная занавеска откинулась, черная лапа потерла стекло, и лохматая голова приплюснула нос, всматрива-ясь, кто там.

— Какого лешего... — разобрал Карасев недовольный голос.

— Отворяй, Никита! — крикнул он голове. — Лошадей нам нужно!..

И пошел на яростно прыгавшую собаку. С крыльца окликнула баба:

— Кто такой... ты, что ль, Пашка?

— Не Пашку, а лошадей нам нужно! — весело сказал Карасев. — Гони Никиту за лошадьми.

— Чтой-то, го-осподи... — подивилась баба, пропуская в сенцы укутавшуюся в плед Зойку. — Микиту?!

— Ну, разговаривай... Светить бы надо! — крикнул Карасев, напоровшись на гвоздь карманом.

V

В избе было угарно, жарко и крепко накурено махор-кой. Еще ничего хорошенько не видя в полутьме, в сине-ватой пелене дыма, Карасев швырнул непромокайку и сказал глазевшей на них бабе, что случилось несчастье, сломался автомобиль, и надо немедля послать за лошадь-ми. И сейчас же все разглядел.

Под невеселой, без круга, лампой сидели за самоваром двое. Под кумачным подзором у образов сердито глядели с опухшего серого лица чьи-то оловянные глаза — так они были тусклы — и щетинились рыжие усы. По стриженой голове и зеленоватой рубахе признал Карасев солдата. Ря-дом, спиной к завешенному окошку, пил чай широкий, рослый мужик с рыжей бородой, очень яркий и празд-ничный от красной рубахи и бороды; пухлые его щеки так и горели, не хуже рубахи. Это и был лесник, только совсем не тот, кого ожидал встретить Карасев. Не торо-пясь, допил он с блюдечка, утерся и сказал хмельно:

— А вот воспретить надоть гоняться... Овцу намедни задавили.

— Гулянки им... — грубо сказал солдат.

Зойка состучала с башмаков грязь и присела на ска-мейку, к печке. Пока она учила дуреху бабу, как надо рас-стегивать башмаки, и стягивала сквозные чулочки, Карасев уверенно подошел к столу и сказал хозяйски:

— Вот что, братцы... А где же Никита?!

— Был Микита — теперь Максим... — хмуро сказал лесник. — Где ж ему быть — чай, воюет! А вы кто такой?

— За лошадьми послать надо! — сказал Карасев на-стойчиво.

— А вы... кто такой!! — возвысил голос лесник, трях-нулся и поднял голову. — Чиновник... или што?!

— Прошибся... адрестом! — крикнул пьяно сол-дат. — На пункт надоть!

Карасев прикинул — помягче надо.

— Я-то кто? — сказал он с усмешкой.— Кустовский завод слыхал? Ну, так я хозяин, сам Карасев.

— Сам Карасев! Слыхали...— пригляделся, тараща глаза, лесник.— Зять у тебя служил... слыхали...

Тут подошла баба.

— Как же, зятек служил...— сказала она, поджимая губы и заглядывая, как на покойника.— Еще когда прого-рали, жаловнишка не платили...

Карасев надул щеки.

— Так вот... за лошадьми бы послать...

— Теперь раздулся...— сказал лесник, руки в бо-ки.— Сказывают, милиён нажил! Заводчик! Слыхали... очень хорошо. У его девка наша...— выругался он к солда-ту,— Сергеева, с краю-то!.. в услужении в Москве... двоих родила!

Солдат поглядел на озадаченного Карасева и только хрипнул: - Хха!

— Ну, так лошадей надо! — возвысил Карасев го-лос.— Кого-нибудь послать надо... заплачу.

— А вот нету у нас посланников...— подумав, сказал лесник и неторопливо налил в блюдечко. — Чай вот пьем! Что, барышни... аи намокши?

— Пришла вошь — вынь да положь! — сипло сказал солдат кусочку красного сахару и положил в рот, готовя блюдечко.

— Чай чаем,— нахмурился Карасев на солдата,— а у меня дело казенное!

— Деньги-то казна делает, знаем...— отозвался лесник, продолжая пить чай.

— Сами казенные...— сердито сказал солдат.— Бери ероплан — вот те и... весь план!

— Во какой браток — ирой! — обрадовался лесник.— С им тру-удно! Ему хрест даден!

Отжал пот с праздничного лица и покрутил головой.

Тут поднялся из-за стола худой, долговязый парень-не-складеха, в синей рубахе и в пиджаке,— до этого он ле-жал на лавке,— отмахнул со лба мешавшие волосы-мочалки и бессмысленно уставился на Карасева:

31

— Чего такой?..

— Во какой! — так и закачался лесник, показывая белые, как творог, зубы в золотой бороде.— Деньгами оделяет! — крякнул он парню.— Сам к тебе Карасев... господин заводчик... кланяйся! Ему лошадей надоть... ишь у его барышни-то какие... деликатные, голы ножки! Ничего, ба-рышни, мы ругаться не дозволяем...

Карасев дернул плечами, но подумал: не стоит связываться,— и спросил с сомнением уставившегося на него парня:

— Ты, может, сбегаешь? Пятерку бы заработал.

Не сводя вытаращенных глаз, парень нашарил за со-бой убитого рябчика, показал за ножки и брякнул на стол. Потом опять пошарил, нащупал на стенке ружье, сдернул с гвоздя и свалил на себя картуз.

— Желаете... ружье продаю?..

Карасев безнадежно пожал плечами: все пьяны, на столе бутылка с бурдой, куриные кости, селедки, баранки и красный сахар,— что-то такое празднуют.

— Не желаете... наплевать! — выговорил после разду-мья парень.

— Не ночевать же здесь!..— капризно сказала Зойка. Подобрав под скамейку босые ноги, паинькой сидела

она у печки. На нее глазела рябая баба, в розовой кофте и в красной юбке, подхватив толстые груди. Положив го-лову на кулачки, высматривал с печки мальчишка, и еще чья-то детская головка выглядывала из-за мальчишки. На лавке, к дверям, стоял сундучок, лежал холщовый мешок и было постлано сено. Прикинув все, Карасев тоскливо послушал, как шумит за стенами лесом и постегивает до-ждем в окошки.

— Не желаете... наплевать...— повторил парень, возя ружьем.

Баба выхватила у него ружье и сунула под лавку.

— Куда ж им таким... пьяные!

— Шуми не шуми — некому! — отозвался лесник на настойчивое требование Карасева.— Вот браток у меня пришедчи... в моем дому... еще племянничка провожаем завтра, с отсрочки. Конторшшик княжеский! — погрозил он к парню.

— Обязательно...— сказал парень.— И его сиятель-ства... гоф... гов... менстера... Язык не тово...— растянул он в улыбку рот и замотал головой.— Гоф... гофнейстера! — крикнул он радостно.

— Будет с им толковать... энту сюды зови, чай пить с нами! — сказал солдат, но лесник остановил рассуди-тельно:

— Барышни... им слушать такое не годится.

— Видали барышнев... За мной сама графыня ходи-ла... я у ей руку целовал, она меня... хрестила!

— Не ругайся! — крикнул Карасев.

— А ты што за генерал?! У меня указчиков теперь не-ту... Пострашней тебя видали... дерьмо какое!

Карасев задрожал щеками, и его лицо пошло пятнами, но поглядел только на солдата.

— А ты, господин Карасев, не шуми... в моем до-му! — сказал лесник, и его праздничное лицо похмурилось. — Тут тебе не трахтир. Откудова я тебе лошадей возьму... семь верст в Хруски надоть?..

— Бабу сгоняй, дам пятерку.

— Аи уж сбегать, Максим Семеныч! — всполохнулась баба.— Какие деньги сулят!..

Она сбросила полсапожки, подоткнулась, заголив бе-лые ноги, и скрылась под занавеску, в угол.

— Чисто короли какие... От всего могут откупиться!..— выругался солдат, с ненавистью глядя на Карасева. — Что тебе наша баба, лошадь?!

Карасев вызывающе поглядел в опухшее, неживое ли-цо в рыжей щетине, но сейчас же отвел глаза — так было неприятно. А лицо солдата вдруг перекосилось и сморщи-лось, как от боли; он откинулся в угол и закрыл глаза.

— Прихватило,— понизил голос лесник. — Почки у его сгнили.

Баба вошла в теплой кофте и шали и шмыгнула к две-ри, но лесник окликнул:

— Марья, постой! Как это так... праздник, у меня бра-ток Василь Семеныч, в моем дому пришедчи... Не желаю!

— Чего ж ломаешься?! — крикнул Карасев.

— А вот... не желаю! Браток вроде как помирать явился... в моем дому... во какое дело...— вдумчиво сказал он, положив на грудь руки и вглядываясь в самовар.— У его ноги водой пошли... как его почитать надо! а?! — поглядел он на Карасева, шагавшего от стола к печке.— Становь опять самовар! — крикнул он дожидавшейся у двери бабе.— Вот тебе сказ! Желаю ему уважение исделать...

Баба сердито сорвала шаль и швырнула на сундучок. В углу задрожала красная занавеска. И в зыбке забился кашлем ребенок.

— У ей дитё... горить-бьется...— хмуро сказал лес-ник,— а ты деньгами бабу блазнишь... Вот какое ваше... необразование!.. Становь ему опять самовар!!

Карасев принялся доказывать, что завод ждет, может остановиться работа, и тогда всем нагорит. Но лесник не слушал. Он растрогался от своих слов, ухватил солдата и полез целоваться.

— Бра-ток... отпиться тебе надоть... — жалостливо за-тянул он, наливая солдату из бутылки.— Счас отпустит. Ему хрест даден! — погрозил он пальцем.— В укладочке у него, в баночке... Какие мидали дадены! Барышни, же-лаете чаю горячего?..

— Ну, что поделаешь! — сказал Карасев Зойке.

Она сверкнула глазами и закинула ногу на ногу, выста-вив острое колено...

— Не буду я здесь торчать, в вони! Дайте больше и прикажите.

— Те-те-те... барыня-сударыня, чего тебе надо-мно! — разгульно крикнул лесник, выпив с солдатом, и его лицо стало опять праздничным.— Пей чай горячий!

— Сы-ру ей......... надоть! — сказал солдат.— Они, та-кие, сы-ыр любют...

Передохнул, оглядел Зойку тусклыми, тяжелыми гла-зами и облизнул сухие синие губы:

34

— Какая... зеле-ная!..

— Во какой у меня браток — ирой! — покрутил голо-вой лесник, пощурился и благодушно осклабился на Зой-ку. — А вы, барышни, не серчайте... мы вам ничего, чего не след, не... дозволяем. А выпимши... это так. А то мы благородно... Лошадки, говорю, заморены... хлеб возют, убирают... народ притомился, спит непокрыто сном... Я деликатно могу сказать... как у меня в дому барышни...

— Ну, хорошо, хорошо, — сказал Карасев. — Ну, хоть бабу пошли, ведь не обижу.

— Эн чего, не оби-жу! — сказал солдат, потирая поясни-цу. — А можешь ты обидеть?! Не оби-жу!..

Мотавшийся на лавке конторщик — он все раскуривал папироску — вдруг вскинулся и взмахнул руками:

— Не имеют права... в душу его!..

Он было поднялся, но баба ухватила его и посадила.

— Счумел, чумовой... Что с ими сделаешь, — сказала она оторопело. — Вы их, господин, не слушайте.

— Не таким морду набивал... — удушливо выговорил солдат, растирая поясницу. — Что не воюет?! — крикнул он, перекосив лицо. — Почему такой с девками... дознать про его надоть! Какие данный?! ты кто такой, по каким заводам? Счас дознаю...

— Глотку-то придержи! — крикнул вне себя Карасев, задрожав щеками.

— Я отечеству заслужил... имею полное право всякого дознавать! Законы такие есть, которые... всех казнить!

Лесник, вдумчиво слушавший, ударил по столу пятер-ней и сказал строго:

— Он правильно, по закону. Тревожить его не дозво-лю... в моем дому. Потому, он ирой... и все может, по всем законам. Ему хрест даден! А обижать... нет, не мо-жешь, — продолжал он угрюмо и поглядел к Карасеву из-под сбившихся на глаза волос. — Покуль я тут, — при-стукнул он кулаком, — ни бабу мою, ни деток... Обижали, будя! — тряхнулся он и выкатил кровяные глаза. — У меня за господами попропадало! попили моей крови ......! Су-диться только не желаю, канителиться... были б им рестанские роты!

— Я его... роздознаю... — устало выговорил солдат, положил кулаки и привалился.

В избе затихло. Было слышно, как хрипло дышал сол-дат да тарахтело тягой в самоварной трубе. Шарахало с поля ветром, а лес порывами словно набегал к окошкам и угрожал — шу-у-у...

— Чего больного человека тревожишь! — понизив го-лос, строго сказал лесник.— Видишь, мается все... схватит и отпустит. Тихо-мирно без тебя было. Сидели по-хоро-шему... Давеча самовар к боку приставляли... Барышне вот желательно заночевать, могу дозволить... а бабу не по-гоню... куда она нам с дожжу! Хочешь, на сеновал ступай-те... для разговору... Дохтор говорил в гошпитале... гово-рит, в кадку его надоть сажать, почти греть...

— Пятерку сулят, живо бы обернулась...— попроси-лась баба.

— Дура... Какие ноньче деньги пятерка!

Конторщик поймал папироской епичку, пососал, втя-нув щеки, выпустил клуб дыма, подавился и выговорил тонко-тонко:

— Нонче курц... очень хороший!

— Знает, почем цыплята! — мигнул лесник, взял кусо-чек красного сахару, положил аккуратно на край стола и подвинул пальцем.— За эту-то сволоту, господи... рупь! — всплеснул он руками, с удивлением,вглядываясь в кусочек.— А?!! Хрунье!..— рванул он рубаху,— чего пла-чено, знаешь?! краснота-то!! В твой, может, карман побегли... Красит рака горя!..

— Сколько же тебе надо? — спросил Карасев сквозь зубы и взглянул на часы.— Час целый канителимся!

— Сколька?.. А вот... прикину.

Лесник выкатил из-под налитых век пьяно косящие глаза в кровяных жилках и хитро уставился на Карасева. С минуту смотрели они друг на друга, не уступая взглядом.

— Долго же прикидываешь,— сказал Карасев, чув-ствуя, как начинает рябить в глазах.

— Сколька-а...— повторил лесник, криво ухмыля-ясь.— А... полторы красных!

— Гони.

— Дал!! — недоуменно сказал лесник и оглядел избу.

— Дал, гони...— повторил Карасев с задорцем.

— Чего такой, постой! — крикнул солдат, встряхнув-шись и размахивая рукой, словно хотел сказать.— Как так, полторы красных?! Погоди, никак нельзя... стой! Пьяного обманывает! Чего, полторы красных? Четвертной, никак не меньше... Сдурел, черт...— крикнул он леснику и задохнулся, даже посинело его лицо.— Четвертной...

— А ведь верно, што четвертной... никак не мень-ше,— сказал лесник виновато, покачав пальцем.— Правда, што... четвертной. Погода.

— Сотню с его гнать надоть... говорил! — хрипнул сол-дат, и лицо его колыхнулось, как студень.— Выкуси вот!

Карасев решил дать и четвертной, но не сразу: еще, пожалуй, накинут, если сразу. Он удивленно повел глаза-ми и сказал твердо:

— Нет, брат... дудки! Не видать вам моего четвертно-го! Сам пойду лучше, а не позволю...

— Хха! — ощериваясь, сказал солдат.— Взяло.

Конторщик приложил к глазам кулаки и пригляделся, будто в бинокль.

— Не дам! — повторил Карасев, быстро шагая по избе и чуя на себе оживившиеся глаза солдата.— Это уж раз-бой называется!

— Дайте же! — настойчивым шепотом сказала Зойка.

— Да это же... возмутительно! — крикнул Карасев, по-казывая глазами.

Но она не видела или не хотела видеть. Она согрелась и не могла и представить, как можно опять тащиться по этой грязи.

— Разбо-ой...— осклабясь, покрутил головой лес-ник.— Чего скажет... Это у тебя... разбой-то! Какой раз-дулся... С ее за полсапожки-то кто дует, а?! Раз-бо-ой! Разя мы тебя силой? Чего тебе добежать, какой дюжий! денежки целей будут.

37

— Все чтобы крепостные ....! — крикнул солдат с надрыву.

— Вот и вали лесом, три версты выгадаешь...— сказал лесник, тяжело поднялся, пошел, пошатываясь, к печке, вынул из печурки гребень и расчесал голову.— Не пужайтесь, барышни, я ничего... Духом добегешь, болотцем только обойти... Дипломат-то у тебя какой знатный,— ливнем не продерет.

— Мчите, господин... на Гарище! — крикнул конторщик, кривя рот и щурясь, чтобы казаться хитрым.

Он все прикладывал кулаки и всматривался в Карасева, но на него не обращали внимания.

— Четвертной — деньги тоже не малые...— продол-жал лесник, старательно расчесываясь и стряхивая гре-бень.— Да не тревожьтесь, барышни... я вам ничего... Руб-лишками небось не гнушался, таскал в мошну, набивал! А то четвертной! Я вон чтой-то и не помню, каки таки четвертные...

— А с патретами... хха!— сказал солдат.— Зеленая краска...

— Каковы! — крикнул Карасев Зойке.

— Всякие есть! — сказал лесник.— Мяконькова захо-тел?!

— Я сам .... сухари жевал!.. во какой стал... глад-кий! — крикнул не своим голосом солдат, выворачивая глаза, и кулаком разбил блюдце.

— Гони!

— Дал?!

— Сказывал, сотню даст...

— А может, шутишь? — пытал лесник.— Ну, коли же-лательно... твой верх. Ступай им, Мария. Ай передума-ешь?..

— Гони!!! — крикнул Карасев.

Баба схватила шаль и шмыгнула к двери, но солдат во-ротил:

— Стой-погоди!

— Далась я вам — обувайся да разувайся! — крикнула в сердцах баба.— Ну, чего еще?

— Деньги наперед, обманет...

Карасев дернулся, но только посмотрел на солдата, словно хотел ударить.

— Мало чего... А может, у него и денег нет!

— Верно, наперед надоть,— сказал лесник.— Теперь никому не верь!

— Даю. А не подведете?! — сказал Карасев, кусая гу-бы, и щелкнул об стол бумажником.

— Как так не приведет — приведет... — тяжело нава-лился лесник на стол и уставился на тугой бумажник. Да-вай знай!

И солдат привалился, раздул щеки и дышал хрипло. Карасев поймал его напряженный взгляд и отошел к печ-ке. Там он вытянул четвертную и отдал бабе. Она схвати-ла и скрылась под занавеску, но лесник с солдатом враз вскрикнули:

— А покажь!

— Тетенька, покажьте...— сказал, поматываясь, кон-торщик.— Всем приятно...

— Чего баба в деньгах понимает... счас по-кажь! — крикнул лесник бабе и подтряхнул головой сол-дату.— Я счас разгляжу, какие его деньги. А то намедни в Хрусках корову так-то... за три полтинника у бабенки выхватили взаместо сериев... купцами были!

Баба сердито швырнула на стол бумажку:

— Глядите, нате!

— Стой-постой...— прохрипел солдат, глянув на Карасева и захватывая горстью.— Знак такой, на свет чтоб. Где знак?! Печатают тоже чисто... Где тут...

Он держал за края бумажку и глядел на лампу ра-зинув рот.

— Дай-кась, увижу...— потянул лесник, но солдат не дал.

— Батюшки, раздерут...— заметалась баба, протягивая и принимая руки.

— Я тышши держал! — рыкнул на нее солдат и огля-нул избу.— Не вижу знаку настояшшего!

— У тебя, может, глаза неправильные... счас увижу,— сказал лесник, вытягивая у солдата бумажку, и пощурился на Карасева.— Надоть все по порядку.

Он разложил ее на столе, разгладил бумажку лапами и оглядел. Потом прихлопнул, словно бил муху, чтобы примять, и оглядел еще.

— Энто тебе не газета.

— Про... каторжные работы...— бормотал конторщик, отпихивая не пускавшую его бабу.— Счас могу... про каторжные работы?..

— Н-ну, ежели не годится! — вскрикнул лесник к лампе.

Карасев наблюдал от печки, покусывая губы: так бы и дал по этой широкой роже!

— Счас распро-буем...

Лесник взял бумажку на зуб,— туго ли рвется,— погля-дел так и этак на огонек, отставил от себя подальше и прочитал по складам:

— Четвер...тной... би-лет! Да!

— Сгодится, ладно,— сказал он, складывая, и отдал бабе.— Ну уж, беги им... куда знаешь! — погрозил он к окну. — Да-а... И все-то ноньче у нас дорого...— сказал он устало и со вздохом, свертывая покурить.— И, сталоть, эн-тот у вас...— полизал он бумажку,— ахтомобиль поломал-ся? И вы, сталоть, на дожжу!..

Баба вышла. Слышно было, как она кликала Цыганку и побежала под окнами. Карасев вынул платок, вытер ли-цо и внушительно высморкался.

— Растревожили характер, мочи моей нет...— отды-шался солдат.— С чего такое?..

— На Котюхи помчала! — сказал лесник, потирая красную шею, и позевал протяжно. — Ай остатнее на по-крышку... замрет, может?

— Давай, замрет, может...— отозвался солдат и вдруг, поняв что-то, так и заколыхался и замотал головой, хоть и боль была на лице. — Бес-баба... На Котюхи?!

— Обязательно на Котюхи. Никак дожж опять?..

Дождь все точил и точил, и все шумело в лесу по-рывами.

VI

Лесник достал из-под лавки бутылку, взболтнул на огонек и разлил по чашкам. Солдат понес, расплескивая, запрокинулся, поперхнулся и вскинул брови: стало его *лицо сизым*. Конторщик выпил и дернулся, словно его проткнули. Лесник покрестился и проглотил, выпучил глаза и крепко задумался — *на стол*.

— Дюже зла... — сказал он сипло после разду-мья.— Лавошникова много мягче... декох.

Принялись за селедочные головки. Конторщик поеро-шил рябчика, стукнул его головкой о край стола и сказал уныло:

— Сытый... самая-то пора! Господин хороший, купи у меня ружье... у тебя денег много... Этих набьешь...

— Не требуется мне ружья, — сказал Карасев.

— Не требуется... А чего... требуется?..

— *Не знаешь чего?..* — отозвался солдат и сказал нехо-рошее.— *Ну его... Я у тебя... отдышусь, куплю. Зайцев бу-ду... казнить!*

И стали говорить,— хорошо бы дровами заторговать солдату, выправятся вот ноги. Горбатый вон тысячами те-перь ворочает.

— А, шут горбатый, — с досадой сказал солдат.— *Бабу его любил до страсти... совокупно... Все-то у меня разла-дилось, себя не узнаю...*

— Не миновать тебе торговать! — сказал лесник.— Я тебе устрою... скажешь потом... при деньгах будешь! За наши леса милиён дают, два просим... Казна подсылала, только дай!

— Куда ему деньги, лысому... у него пять милиёнов!

— Семь милиёнов... — выговорил конторщик, запихи-вая в карман рябчика,

— А вот... сидит, милиёнами обклался, а все хочет... А тут бьешься-бьешься, с дыры на дыру перекладаешь... только и делов. Денежки-то туды пылят... — показал он костью на Карасева.

— До хорошего дожжу... — устало сказал солдат,— уже невмочь ему было, — отгреб со стола и привалился.

Лесник покликал Мишутку с печи, дал сахарку и по-гнал спать. Конторщик все еще возился с рябчиком. Карасев с Зойкой тихо переговаривались у печки.

— Кажется, угомонились. Что, устала?

— Когда это только кончится... Есть хочется,— шепну-ла она, вынула из сумочки зеркальце и попудрилась.

— Там уж как следует закусим...

Карасев развязал баульчик, достал пакетик, и стали за-кусывать на скамейке. У стола затихли совсем. Солдат по-хрипывал: было видно, как подымалась зеленоватой горой спина и двигалось рыжее, с беловатой проплешин-кой, темя. Только лесник сидел, подперев голову кула-ком, и сонно глядел на стол. Ходики на стенке, над плака-том со швейной машинкой и красной барыней, отстукива-ли четко-четко, будто за стеной отбивали косу.

— Какой ужас... — шепнула Зойка. — Почему они тебя знают?..

— Как же меня не знать,— вся округа знает...— сказал Карасев, жуя телятину.— С ними надо умеючи. Коньячку бы теперь хватить...

— Посмотри... — тронула его за рукав Зойка.

Покачивая головой, смотрел к ним из-под кулака лес-ник. Волосы его взмокли и закрыли лоб, и пристально, не моргая, высматривали глаза.

— Как смотрит...

— Я еще поговорю с ним...— шепнул Карасев значи-тельно.— Завертится!

— Желаете... чаю горячего?..— пьяно спросил лесник, не сводя глаз.

— Не желаю.

— Я барышнев страшиваю... Желаю угощать.

Зойка мотнула головой.

— Гордый...

Он важно выдвинулся из-за стола, упер руки в колени и поглядел исподлобья.

— Почем же теперь деньги-то ходят...— подумал он вслух и покрутил головой. Помолчал. — Дела... И опять помолчал. — С деньгами-то чего исделали... Барышни-то тебе как... для забавки? — неожиданно спросил он, при-стально глядя на голые ноги Зойки.

42

— Поменьше разговаривай, лучше будет! — строго сказал Карасев.

— Лучше?! Ну-ну... еще лучше будет? Барышни ниче-го, хорошенькии...

Зойка посмотрела пугливо и поджала ноги.

— Дрова почем? — спросил Карасев резко.— Вашего управляющего хорошо знаю, Скачкова... повидаюсь зав-тра...— добавил он неспроста, хоть раз всего и видал этого Скачкова. Подумал: раньше бы сказать надо!

Лесник шевельнул бровью, смазал с лица хмельную паутинку и поглядел пытливо и недобро.

— Та-ак... — сказал он, вдумываясь, и на пухлых губах его залегла усмешка. — Жаловаться, может, хочешь... ограбили тебя! Ну, жалуйся... жалуйся... Жалуй-ся!! — крикнул лесник, метнув глазами.— Ах ты, дело-то какое... не знамши-то...— озабоченно сказал он и затере-бил бороду. И вдруг весь затрясся красной горой, засмеял-ся пьяно и отвалился к стенке, раскинув ноги. — Эх, горе твое... свистит твой Скачков Сашка! по весне еще прогна-ли, воровал шибко! Тебе, может, дрова переправлял... на завод? Барин, жалуйся — ступай... В Нижнем мукой торгу-ет. Далеко...

Сложил на груди руки и колыхался. Но глаза не сме-ялись.

— Что вам за охота, не понимаю! — сказала Зой-ка.— Дерзостей хотите.

— Чудак человек... с чего мне на него жаловать-ся! — примирительно сказал Карасев.

— А-а... Теперь, сталоть... не желаешь жаловаться? Ладно. Пошутил, скажем... Ладно-с... У меня в лесу... вол-ки тоже, шутют...

Они продолжали тихонько закусывать. А лесник по-глаживал и поглаживал бороду, посматривал. Потом стал высматривать на полу.

— Господин-барин... как вас?.. Господин Карасев!— громче окликнул он неотозвавшегося Карасева.— А что я тебе желаю сказать... желаю вам спросить... Ру-жьецо-то Степашкино, чего ж купить не желаете?

— А не требуется, голубчик.

— Жадный вы. А чего я тебе желаю сказать! Ей-богу, ружьецо-о... цены нет! а? Кому не надоть — сто монет без разговору, а?

— Да говорю, не требуется!

— Все не требуется... А ты погляди-ка, я тебе счас... приставлю...

Он тяжело повалился, пошарил под лавкой и достал ружье.

— Оставь ты... не надо! — озабоченно сказал Карасев.

— Ничего, что вы... чай, не махонький. Гляди, на! — сказал лесник, потирая залившееся кровью лицо и оглядывая двустволку с приклада и по стволам.— Ведь это што! ни расстрелу, ни ржавочки... ни рачка! По волку не промаховал, в глаз бил! — сказал он, тряхнув ружье о колени, избочил голову и хитро пригляделся к Карасеву.

— Ну, ты поосторожней...

Лесник дернул затвор и разломил двустволку.

— Механика! — крикнул он, сощелкивая, медленно поднял ружье и повел к лампе.

— Что он делает! — испуганно зашептала Зойка, дер-гая Карасева.

— Осторожней, ты! — тревожно остерег Карасев, встав со скамейки.

— Мушку гляжу... неявственно...— наводя в лампу, сип-ло выговорил лесник.— А вот, явственно! Золотая мушка, ночью видать...— повел он к печке ружьем.— Все явствен-но...— пьяно повторил он, виляя ружьем.— Какая пра-вильная... мушка...

— Ты!..— сдавленно крикнул Карасев, виляя от упря-мо нащупывавших его черных дул.

— Боже мой... оставьте! — вскрикнула, помертвев, Зойка и закрылась руками, чтобы не видеть.

Лесник рванул ружье на колени.

— Под руку не... дрогнуть могу! — крикнул он дико и сверкнул мутными огоньками глаз.— В случае... не отве-чу! Чего под руку говоришь?! Мушку желаю пробовать... а вы чего под руку!

И опять поднял ружье.

— Прошу тебя!..— не своим голосом крикнул Карасев, пригнувшись.

— Стой! мушку пробую... яственно! - Ты!!!

— Да господи...— сказал лесник благодушно, и лицо его стало праздничным.— Ужли ж я не понимаю... без по-нятия? Пьяный, а... все соображаю. Убить могу!

— Мало ли бывает, по неосторожности...— сказал упавшим голосом Карасев, весь мокрый, едва сдерживая подрагивающие губы и не сводя глаз с ружья.— Ну-ка, дай поглядеть...

— Чего поглядеть? — грубо сказал лесник, отмахивая ружьем.— Не желал глядеть, как давали... нечего! Аи бо-ишься? — усмехнулся он, приглядываясь к бледному лицу Карасева, в пятнах.— Смерти-то и ты боишься! Надоть... она ноне ходит...

И вдруг вскинул ружье и навел на лампу:

— Мушку не вижу, с чего?! — сказал он озабоченно, принял ружье и прощупал мушку.— А ты не пужайся. Пьян, а все соображаю. Привыкать надоть, приготовлять-ся... всем она достигнет... кому предел. Вишь, Степашка спит... все равно! Браток все смерти видал... Ах ты, барышни-то как испужались! Я им ничего-о... они барышни деликатные... Эх, запалю! — вскрикнул он и так засмеял-ся, что по телу Карасева побежали мурашки.

Солдат поднял голову от стола, промычал и опять привалился.

— Пусто-е, барин... пустое! — сказал лесник благодуш-но.— Сам гляди, на... пустое. На вот, гляди! ну, гляди... ну? Игде тут чего? Гляди, на... суй пальцем!

Он рванул затвор и разломил двустволку.

— Скрозь гляди, на... Ну, гляди в его, гляди... игде... тут? — выкрикивал он, тыча ружьем к лицу Карасе-ва.— Дуй в его! — крикнул он в дуло и со свистом вы-дул.— А вы-то напужались!..

Карасев хотел что-то сказать, как услышал поскрипы-ванье телеги и узнал лошадиный шаг.

— Лошади вам, никак...— сказал лесник, сощелкнул ружье и поставил в угол.— Вот вам и удовольствие.

— За это удовольствие...— начал Карасев и не захотел говорить.

В избу вбежала запыхавшаяся баба:

— Насилу-то, насилу упросила... не едут и не едут. Лошади-то уморились, уж насилу-насилу за три краснень-кие, прямо уж упросила. Господа-то, говорю, больно хо-рошие...

— Хорошо, что хоть скоро,— ворчнул Карасев, соби-раясь.— Чего так копаешься...— раздраженно сказал он Зойке, возившейся с башмаками.

— Прямо упарилась, бежамши... Рядилась-рядилась...

— Дура... — сказал лесник,— ряди-лась! Что тебе, чу-жих денег жалко! На Котюхи ходила?!

— Ну, на Котюхи... — нехотя отозвалась баба.

— Чего ж долго-то, с версту не будет!

Карасев слышал, но теперь важно было одно: поско-рей выбраться. У Зойки путались и дрожали руки. Он по-мог ей застегнуть башмаки. Лесник поглядывал от стола. Грелась и потоптывала у печи баба.

— Ка-медия...— выговорил лесник и крикнул: — Ста-новь самовар!

Поехали в телеге, на сене. Ветер усилился — совсем буря. Ехали опушкой. Гудело по лесу и трещало, и мохна-тые лапы елей все так же тревожно бились, сколько хватало глазом, в зеленоватом свете мчавшейся в облаках лу-ны: гривы непонятных лесных коней.

Карасев укрылся под капюшон. Было на душе как по-сле мутного сна,— тревожно-гадко. Он рванул набежав-шую на него косматую ветку и крикнул:

— Да погоняй, черт!

Жавшийся на передке мальчишка задергал веревками.

— Далече, барин... не довезет...— сказал он робко. Наконец выбрались на шоссе.

— Наши огни...— сказала Зойка.

Далеко внизу, может быть с версту,— было видно с го-ры,— светились огни машины. Они казались заброшенны-ми, неживыми. Карасев вспомнил про шофера: "Не евши, промок",— и ему показалось, как это давно было.

Тянулись черные стены леса, — так и пойдут верст на сто. Зойка накрылась пледом и задремала. Карасев все ку-рил и глядел, — лес и лес. Открыл чемодан, нащупал ко-ньяк и выпил жадно и с наслаждением.

— Ладно, ничего... — подумал он вслух, чувствуя при-ятную теплоту. — Черти.

МАРТЫН И КИНГА

Приехали на Москва-реку, полоскать белье. Денис, который приносит нам живую рыбу на кухню, снимает ме-ня с полка и говорит: "А щука про тебя спрашивала, сту-пай к ней в воду!" Раскачивает меня и хочет бросить в Москва-реку. Я дрыгаюсь, чтобы он думал, что я боюсь. Горкин велит тащить на плоты белье. Я гляжу, столкнет ли Денис в воду нашу Машу-красавицу. Она быстро бе-жит по мостику, знает Денисову повадку, прыгает на пло-тах. Денис ставит корзину, говорит: "Нонче полоскать ве-село, вода согрелась",— и сразу толкает Машу. Она взвизгивает, хватает Дениса за рубаху, и оба падают на плоты. Горкин говорит мне: "Чего глазки на глупых пялишь, пойдем лучше картошечку печь на травку".

Хорошо на Москва-реке, будто дача. Далеко-далеко зеленые видно горы — Воробьевку. Там стоят наши лодки под бережком, перевозят из-под Девичьего на Воробьевку, и там недавно чуть не утоп наш Василь Василии Ко-сой, на Троицу, на гулянье,— с пьяных, понятно, глаз,— Горкин рассказывал, сам папашенька его вытащил и накостылял по шее, по самое первое число, и при всем наро-де. Иначе нельзя с народом с нашим. Василь Василич по-сле даже благодарил — проспался. Папашенька так и ныр-нул, в чем был, пловец хороший, а другой кто, может, и утонул бы,— очень бырко под Воробьевкой, а Косой грузный такой да пьяный, как куль с овсом, так и пошел ключиком на дно. Ну, теперь поквитался с Косым папа-шенька: Василь Василич его тоже от смерти спас, разбой-ники под Коломной на них напали.

— Ну, чего еще рассказывать, сто раз рассказывал про разбойников,— говорит Горкин,— мой ступай на реку кар-тошку, а я огонек разведу. Ну, я помою, ты разводи.

Горит огонек, из стружек. Пахнет дымком, крепкой смолой от лодок, Москва-рекой, черными еще огорода-ми,— недавно только вода с них спала, а то Денис на лод-ке по ним катался, рыбку ловил наметкой. Направо голу-беет мост — Крымский мост, железный, сквозной, будто из лесенок. Я знаю, что прибиты на нем большие циф-ры — когда въезжаешь в него, то видно: 1873 — год моего рождения. И ему семь лет, как и мне, а такой огромный, большой-большой. Я спрашиваю у Горкина: "А раньше, до него, что было?"

— Тогда мост тут был деревянный, дедушка твой строил. Тот лучше был, приятней. Как можно живое де-ло... хороший, сосновый был, смолили мы его, дух какой шел, солнышком разогреет. А от железа какой же дух! Ну, теперь поспокойней с этим, а то, бывало, как ледоход подходит — смотри и смотри, как бы не снесло напором... ледобои осматривали зараньшее. Снесет-то если? Ну, но-вый тогда ставим, поправляем, вот и работка нам, плотни-кам. Папашенька-то? Хорошо плавает. Его наш Мартын... помнишь, сказывал тебе про Мартына, как аршинчик ца-рю нашему, батюшке Александру Миколаичу, вытесал на глаз? Он и выучил плавать, мальчишкой еще папашенька был... он его с мосту и кинул в реку, на глыбь... и сам за ним. Так и обучил. Нет, не Кинга его сперва обучил, в а Мартын наш, я-то знаю. Кинга это после объявился. Те-перь он капитал нажил, на родину вон уезжает, папа-шенька говорил. Ему Куманины почет оказывают какой, на обед позвали, папашенька поехал нонче тоже: все бога-чи будут, говорит. Ну, какой-какой... обнаковенно какой, Кинга... англичанин. И верхом обучал ездить, какие ему деньги платили господа! А наши казаки лучше его умеют. Это все пустяки, баловство. Господа набаловали.

— Какие господа набаловали?

— Всякие. И барин Энтальцев, пьяница-то наш, тоже баловал, когда деньги водились. И Александров-то барин, у которого стоячие часы папашенька купил, от царя были, и тот баловал, покуда не промотался. Вот теперь поедет Кинга к себе домой и будет говорить ихним там — какие деньги везу, сто тыщ везу, набрал от дураков, плавать их учил. Вот какую славу заслужил... За что! Я его помню го-дов тридцать, у него тогда только дыра в кармане была. Нашему Мартыну покойнику никакой славы не было, а он лучше его умел. Вот и скажи, с чего такое ему сча-стье? От неправды. А вот от такой. Ну, что за охальник, за Дениска! Не балуй, что ты, всамделе?.. Машку-то в Мо-сква-реку пихнул. Нет, уж больше не возьму ее на реку.

— А почему она за Дениску замуж не выходит? Он тогда ее будет все в Москва-реку, да? боится она, да?..

— Понятно, боится. Дурочка, ишь гогочет. Как горо-дом-то мокрая вся пойдешь? Иди сушись у огню, глупая.

Маша ругается на Дениса, хлещет его бельем. Бежит к нам, а юбка прилипла, все ноги через нее видно, нехо-рошо. Горкин плюется: "Бесстыжая,— говорит,— глядеть страм!" Маша садится у огонька, захлестывает мокрую юб-ку - на ноги. Горкин отчитывает Дениску, грозится все до-ложить хозяину, говорит:

— Мне, старику, и то зазорно, нехорошо глядеть. Подумай своим мозгом,— тычет он себе в лысину,— раз-ве можно так с девушкой, в хорошем доме служит... и ты, солдат, порядки знаешь. А тебя, дура, я приструню, тетке пожалуюсь. Я этого дела не оставлю, повадки твои давно вижу.

От Машиных ног дымится парок, — от огонька, от сол-нышка. Горкин велит Глашке, белошвейке, которая при-ехала тоже с нами, бежать домой, принести от Марьюш-ки-кухарки платьишко для мокрой дуры, только не сказы-вать, господь с ней, больше она не будет. И Маша просит: "Голубушка, принеси, с голубенькими цветочками какое, в гладильной у меня висит... оступилась, скажи". Денис приносит из домика-хибарки, у которого стоят, выше крыши, красно-белые весла, новую рогожу и накрывает Машу.

— Вот тебе шуба бархатная, покуда рогожи не ку-пил.— И заливается, глупый, хохотом.— Будешь тогда ко-рова в рогоже, всех мне дороже!

Горкин велит ему идти на плоты, заниматься делом, покуда не прогнали вовсе. Спрашиваю: "Нет, ты скажи, от какой неправды?"

— А-а... Кинге-то такие деньги? Известно, от неправ-ды. На моих глазах было. Давно было, тогда Кинга моло-дой был, только приехал, в конторщики на заводе, к ан-гличанам. И надумал плавать-выламываться. Алек-сандров-барин ему и помогал. А как дураков нашел — и с завода рассчитался, сам по себе стал. Ну вот, раз и на-вернись к нам, на Крымский мост, в эту пору вот, годов тридцать тому, папашенька еще мальчишкой был, в Ме-щанское училище ходил. Чинили мы мост, после полово-дья. И дедушка твой был с нами, Иван Иваныч, покойник, царство небесное. Перестилаем мы мост, работаем. А тут Кинга и навернись... давай нырять, показывать себя ребя-там нашим. Стал форсить, а с ним Александров-барин, го-рячит его, ругаться учит, честное тебе слово. На смех все. Самыми нехорошими словами. А Кинга-то не понимает, англичан он... и ругается... думает, может, хорошие слова говорит... Я тебе этого не скажу, какие он слова кричал... ну, зазорные слова... Ребята гогочут, задорят его, понятно, тоже ругаться начали, кроют англичана. Дедушка воспре-тил уж, не любил зазорного слова. А барин все задорит, покатывается, выпимши, и бутылка с ними. А Кинга весь полосатый, как матрос, для купания приспособлено у не-го. И кричит: "Дураки мужики!... вы, кричит, такие-едакие... вы собачье!" — вот тебе слово, хорошо помню: "Вы-учу вас плавать... собачье!" Дедушка рассерчал, кричит ему: "Ты у меня не ругайся, а то ребята мои тебе законо-патят глотку! а ты, барин, не подучай англичана лаяться, они и так, собаки, без подучения!" Не любил их. "Они, го-ворит, нашу землю отнять хотят",— знал про них. Хотел наш плотник в Москва-реку прыгнуть, успокоить их,— де-душка воспретил, скандалов не любил. "Собака лает — ве-тер носит",— сказал. Кинга кричит свое: "Все русские ду-раки!" — Александров-барин научал его, гоготал все. Тут Мартын встал, силач был, страшно смотреть. "Утоплю обоих сейчас, покупаю!" Я его схватил, несдержный он, а меня слушался... сказывал я те про него,— на меня пола-гался, доверялся. А они кричат: "Четвертной даем, вызы-вает Кинга любого, наперегонки с ним до Воробьевки!" Работаем, нельзя, при деле, хозяин здесь. А они свое: "А-а, испугались...", ругательное слово, обидное, зна-чит — обмарались, вежливо сказать. Все Александров-ба-рин, а тот лопочет за ним, глупый, думает — хорошие сло-ва, ласковые, кричит: "Не можете против англичана вы-стоять, он вам накладет!" Тут дедушка топнул в настил, горячий... "Братцы, кричит, неуж мы ему не утрем сопли?! Красную от себя даю, кто возьмется?.." Робят семеро было нас; стариков четверо, со мной, да с Мартыном счи-тать, нам сорок уж годов было, с малым... один хромой был, нога проедена до кости, костоед был, да двое парни-шек, годков по двенадцати. А Кинга в самом соку, грудища какая, складный весь, рыжий, на щеках бурдушки небольшие, рыженькие, как у кондитера нашего, у Фирсанова, поменьше только, состригал он, морда в веснушках... прямо в цирке показывать себя мог. А до Воробьевки вер-сты три, да супротив воды, а напор сильный. Думаю — не выдержать мне, сухощав я. А загорелось сердце, не из ко-рысти, а обидно стало. А Мартын молчит, топориком те-шет себе. Молчим. Ну, дедушка видит — отзыва нет, — то-же замолчал. А они донимают: "Не можете, он в Питере всех матросов перестегнул, у него три медали с разных земель, прыз золотой, куда вам, крупожорам!" А Кинга выкручивается! То стойком плывет, то головой вниз, то колесом пойдет, на манер парохода... что говорить, фор-менно умел плавать, по-ученому. И голенастый, как Мар-тын наш, моложе только. Махнули* мы на них: бог с ни-ми, не наше дело, он по воде хорош, а мы топориком хороши. А Мартын свое думал. Гляжу, защепил топо-рик... "Берусь, коли так. Смолоду хорошо умел... ну-ка, тряхну!" Я его за рукав: "Да что ты, старик... сбесился, страмиться-то?" А он водочкой зашибал, сказывал я тебе, и сердцем жалился. "Пусти, померюсь!" Даже задрожал, лик побелел. "Не утерплю, пусти!" Стянул через голову рубаху, порты спустил — бултых с мосту, на самую глыбь, в напор,— так все и ахнули. Выкинулся, покрестился... "Ставься, кричит, такой-сякой... покажу тебе крупожора!" Дедушка твой картуз обземь. "Ставлю, кричит, за Марты-на четвертной! валяй!"

Маша даже взвизгнула под рогожкой, очень нам инте-ресно стало. И Денис подошел, послушал.

— А вот и не скажу... — засмеялся Горкин.

Стали мы упрашивать, а он уперся: не скажу и не ска-жу, за ваше безобразие. Ну, Маша упросила: "Кресенькой, дорогой, скажи-и... не буду больше", — крестил он ее, си-рота она была.

52

— Ну, ладно, глупая, бесстыжая, прикройся, а то застудишься.

Денис подбросил в огонь щепы, даже смолы подкинул.

— Ну, струмент побросали, побежали мы на берег. Дедушка крикнул нашего портомойщика, лодки чтобы давал, две лодки большие, свидетели чтобы плыли. Алек-сандров-барин с двумя ребятами поссели, а остальные бе-регом побежали, и бутошник с нами побежал, службу бросил. А Кинга ощерил зубы, во какие костяшки, с гармоньи лады будто, кричит: "Чего старика послали, помо-ложе нет?" Он по-своему кричал, а барин нам говорил. Ну, дедушка им: "На тебя и старика нашего хватит!" А Мартын большой был силы: свайную бабу, бывало, возьмет за проушину середним пальцем и отшвырнет, а в ней к тридцати пудам. С Волги мы с ним, к водяному делу привышные. Стал Мартын вызывать Кингу на стрежу, на самую бырь. Велел дедушка лодкам по стреже держать, ход указывать, без обману чтобы: всурьез дело, четвертной закладу, да и обида от Кинги нам. Дедушка в ла-доши хлопнул — пошли, голова в голову, саженками. С маху Кинга его обплыл, по сех пор вот выкидываться пошел, по самый пуп, на пружине чисто его вышибает, скоком... глядим — эн, уж он хлещет где! И то стояком, то на спинку вывернется, то боком — лик на нас завернет, защерится — смеется. А Мартын все саженками вымеряет, не торопясь, с прохладцей, чисто, отчетливо, будто сажнем накидывает. Мещанский сад проплыли, к Первой градской больнице стали подплывать, — просветец малень-ко поубавился, стал набирать Мартын. На веслах гоним, насилу поспеваем, Мартына задорим все. Иван Иваныч ему к красной своей еще пятишну накинул: "Только не удавай зубастому!" А Мартын нам кричит: "Вот, ребята... под Нескушным к бережку возьмет стрежень, ключи там, водичка похолодней... способней будет!" А верно, к Нескушному и с-под берега, и со дна ключи бьют... народу сколько там потонуло, судорога там схватывает, опасное там место. Дедушка кричит, знал тоже. "Не отставай, робята, место тут пойдет опасное, в случае багор готовьте". Как же, багры при нас. А что багры!

Бырь, схватила судо-рога, он камнем ко дну, его нижним напором снесет — и не ущупаешь. Я и сапоги скинул, готовлюсь. К Нескушному, глядим, Мартын наш совсем поравнялся с Кингой, че-шет как на парах, колесами набирает, головой вниз, волну режет, дело сурьезное. Кинга уж и оглядываться не стал, не выкомаривает уж то-сё, на саженки тоже передался, плывет чисто, залюбованье. Дедушка, горячий, покойник, был, даже побелел, губы дрожат, на лодке не усидит: "Мартынушка, голубчик... поддержи честь-славу... пятерку еще набавлю!" — двадцать уж целковых наобещал. А по берегу робята гонят, Мартына подганивают. И огородни-ки бегут, и девки-бабы, и бутошник наш от мосту, и про службу свою забыл, разобрало-то. Мартын наш — вот-вот настигает, за ногу уж хватает Кингу, кричит: "Стой, рыжий пес... иде у те пятки, дай — поглажу!" А плыть еще больше версты, самая бырь пошла, к ключам подплываем. Нескушный вот. Грачи шумят, гнезда у них на березах по берегу, и вода поглубела, почернела. Александров-барин как увидал — Мартын-то наш накрывает Кингу, из буты-лочки водочки глотнул, Кингу показывает, кричит по-ихнему, трясет бутылкой, задорит, духу дает. А Мартын уж перекрывает, голова в голову. Тут барин — а он на руле сидел — стал напрорез воды править, от напору Кингу укрыть, легче чтобы, хитрый такой. Ну, мы закричали: "Не балуй, а то по башке веслом!" Понятно, все разгоре-лись, на спор идет. А Мартын уж перестегнул Кингу, справа набирает, кричит нам: "Сейчас его в лбище пяткой, сукина кота!" А Кинга уж не смеется, серая морда стала, захолодал. Ждем — сейчас его на ключах возьмет, пожа-луй, что-то он ногой стал мотать,— высунет, помотает, опять высунет. А Мартын на спинку перевалился, ноги нам тоже показал. Никак и у него что-то, ноги-то пока-зал?! А это он — баловаться стал, разогрелся. Опять на грудь повернулся, стал по пояс выскакивать. Выкинется по самый пуп, по грудям себя шлепнет, крякнет, для проклажденья,— опять стремит. Тут и случилось... Выкинул-ся Кинга колесом, канул головой вниз, чисто живая ры-ба,— и нет его, и пятки не увидали. С минутку про-шло — нет и нет. Потоп? Кричим — судорога свела, потоп! И Мартын услыхал, перепугался, бросил плыть, на спинку повернулся, передыхает. Дедушка кричит: "Засудят нас теперь, черти! спасай англичанина, серию даю, спасай!" Ну, тут все, рубахи долой, — в Москва-реку! И Мартын нырнул, и я тоже. Глыбко, а до дна достал, цапаюсь за пе-сок, вода студеная, невтерпеж, ключи. Видать, как робята шарят, Кингу ищут. Выкинуло меня на волю, слы-шу — кричит дедушка, обкладывает Кингу, страсть осер-чал: "Жу-лик, сук-кин кот! эн, он где чешет... нырнул, зу-бастый!" Тут-то мы и поняли: на хитрость он пустился, напугать нас. Мы-то, дураки, проваландались сколько, его искамши, а он под водой, по дну плыл сколько — не задох-нулся... вперед и вынырнул, сажен на двадцать! Мартын-то, покуда его искал, нырял. И поустал Мартын, занырялся, перепугался. Дедушка кричит: "А ну его к леше-му, за него еще ответишь, потопнет ежели... с квартальными не разделаешься! будя, назад, отдам ему четвертной билет!" А Мартын: "Не-эт, батюшка Иван Иваныч, я его, не отпущу так... я его за обман такой... достигну, я его за-мотаю, зубастого... Я их обоих дойму!" Упрямый Мартын был, настойный, не сговоришься с ним, как до сердца дойдет. И мы стали просить хозяина: не дадим потопнуть, не беспокойтесь. Опять погнался Мартын за ним, скоро опять накрыл. К Андреевской богадельне стали подплы-вать, самая-то где бырь, заворот там, — Кинга опять ныр-нул! Крикнули мы Мартыну: "Гони, не стой!" — а сами опять в Москва-реку, нырять-шарить, всамделе не пото-нул ли. Нет Кинги! Нашаривали-нашаривали — нет и нет. Выкинулись — и напереди нет, нет от него обману, потопнул. Вот мы перепуга-лись!.. А Мартын не знает, плывет, эн уж где. Кричим: "Потопнул Кинга, на-зад!" Дедушка сам не свой, за голову схватился: "Пропали мы! Человек из баловства потопнул, да еще англичан, не свой, власти за него ответят!" А бутошник с берега кричит: "Эн он где, отнесло куда!" А он — назади, сажен сто, на спинке отды-хает, к берегу поплыл, на огороды. А за ним и Алек-сандров-барин, с его одежей, робятам к берегу велел гнать. Тут мы все и закричали: "Ура-а!"

Шабаш. Мартына воротили, на лодку приняли, дедушка его расцело-вал — заплакал. Очень перепугался. Дедушка покойник полицию смерть не любил, боялся. Ну, влез Мартын, ни-чего. "Водочки бы, говорит, теперь, согреться!" Свороти-ли к Кинге, а огородники нам уж штоф волокут, на ого-родах у их дом-то, знакомые нам, отец Павла Ермолаича,— кого знаешь-то, капусту нам поставляет. Выпили, соленым огурчиком закусили. А Кинга на травке си-дит — зубищами стучит. Александров-барин ему из бутыл-ки дает, ромовой. Мы к нему — давай четвертной! А он молчит, Кинга, не понимает словно. Ну, дали отдышать-ся: давай заклад! Всё молчит, только бу-рдышки свои гла-дит — щерится. И барин Александров молчит. Бутошник подошел, говорит: "Что вы, махонькие, всамделе, что ли... давайте четвертуху, я сам слыхал, как рядились". Ну, по-слушался бутошника барин, вынул из Кинговых брюков кошелек, а там и всего-то целковый с мелочью. Как так?! А это его Александров-барин подучал, кричать-то, а он сам еще не понимал нашего разговору... это уж он после в славу-то пришел, сто тыщ нажил,— сколько он... годов тридцать жил? — с купцов нажил наукой, теперь на роди-ну собирается. А тогда только расходился. Ну, ничего он не понимает, не сказывал ему барин, что четвертной-то. И барин-то прогорелый. За барина мы — давай. А у него полтинник только, глазами хлопает. Робята гово-рят — бить их надо, поучить. Ну, дедушка плюнул, сказал господам: "Э-э, дрягуны вы, мразь-мзя! Не потоп хоть, и на том спасибо". Дает Мартыну двадцать рублей, обе-щанные, и еще четвертной, за Кингу. Только Мартын не взял,— это не порядок, говорит. Значит, не вышло дело. И награду не взял. "Ни мое, говорит, ни ваше, а выставьте нам для удовольствия ведерко водочки на артель". Весь день ребята гуляли на огородах. Нет, Кинга потом при-слал... пятерку прислал. Больше уж и к мосту не показы-вался. Ну, а после разжился, теперь его рукой не доста-нешь, как поднялся. Вот он, с какой правды-то капиталы нажил. А его вон обедом Куманин угощает, и папашенька поехал. А у Мартына нашего...— помер, царство небесное, рассказывал я тебе намедни,— царский золотой только и остался, в долони зажал — преставился. Вот те и правда вся. Ну, та-ам воздастся, правильней нас Господь. Да что еще-то... К мосту мы воротилиов, а струмент наш, броси-ли-то мы... жулики и покрали, все сумки наши, и пилы, и топорики... всё свистнули. Бутошник убежал — они и покрали. Ничего, не ругался дедушка. "Моя, говорит, вина". Справедливый был человек.

Отъезжаем с выполосканным бельем. Я смотрю на сверкающую Москва-реку, на мост. Вижу тот мост, при-ятный, который пахнет смолой, леском,— живой мост... и живого Мартына вижу, которого никогда не знал. И зубастого Кингу вижу, и дедушку. Спрашиваю у Горкина:

— А тот мост лучше... деревянный лучше, правда?

— По-нашему, деревянный лучше. Хороший, сосно-вый был, приятный. Как же можно, дерево — оно живое дело. Леском от него давало, смолой... солнышком как разогреет... а от железа какой же дух! А по тебе какой лучше, железный ай деревянный, наш?

— Наш, деревянный, лучше, приятный.

НЕБЫВАЛЫЙ ОБЕД

У нас в доме большая суматоха: небывалый обед гото-вят, для англичанина,— за Гаранькой из Митрева трактира побежали. Я спрашиваю у Горкина: "Это почему, небыва-лый? он важный англичанин? на царя похож: а?" А он сердится, говорит: "Еще чего скажи — на царя... набрал денег с дураков, а ему уважение!" — "С каких дураков, по-чему?" — "А, ну тебя... папашенька еще услышит".

Сам Василь Василич побежал за Гаранькой, только вряд ли захватит свежего: воскресенье; Гаранька, пожа-луй, без задних ног. В кабинете — отец с Фирсановым. Как парадный у нас обед — всегда Фирсанов. Войну празд-новали, когда Скобелев Плевну взял,— тоже Фирсанов был. Он сидит на диване; во рту сигара,— прыгает под гу-бой,— и я смотрю на нее, как бы не загорелись бакенбар-ды. Стелется синий дым; отец не любит, и жавороночку вредно, но Фирсанов смолоду отравился, не может без си-гары. Я сижу рядом с ним и даже через сигару слышу, как пахнет поварами,— такой дух от него, кондитерский. Английский обед Фирсанов готовить не берется, может только сервировать; взял бы, пожалуй, Лабунова, от графа Шереметева, да тот, на грех, к Преподобному отпросил-ся. Отец спрашивает, справится ли Гаранька.

— Справиться-то он справится, а сами знаете, какой человек... каверзник самондравный, за то и из дворца про-гнали. А всякий соус составит, такой ему дар от бога. У князя Долгорукова жил — и то — нагрубил, ге-не-рал-губернатору! Его князь в двадцать четыре часа из Москвы выкинуть грозился, да... очень, подлец, расстегаи хорошо умеет, нет-нет и посылает за Гаранькой, два жандарма его берут. И чтобы обязательно ему рябиновой две бутылки, а то никакой силой не заставить... хоть в Сибири, говорит, сгноите, вон какой. Как уж он год у Судака-паши продер-жался... на Зацепе у нас Судак-паша в плену жил. Халат какой подарил Гараньке.

— Он, с... с... говорят, кошек ему зажаривал.

58

— Кошек не кошек, а галку за рябчика подавал. Такой ему дар от бога.

Отец говорит, что купечество уважило англичанина, на прощанье, и ему в грязь лицом ударить не годится, надо для русской чести; поедет к себе, будет рассказывать про Москву.

— И меня учил верхом ездить, и плавать учил, еще мальчишкой я был. Известный человек, надо, Губонин в "Московском" его кормил. Куманин на французский ма-нер, всякие салаты были, а я хочу его удивить, в сюрприз, настояще английским угостить.

Просовывается в дверь вихрастая голова Василь Василича, глаз весело стреляет, распухшее лицо красно,— Ко-сой уж успел заправиться.

— Привел-с,— шепотом говорит Косой, словно какую тайну,— свежего захватил-с...— и радостно встряхивает хохлом.

— Ты чего радуешься? — говорит отец.— Запраздно-вал? Давай Гараньку.

Выходит рыжий взъерошенный Гаранька. На нем саль-ный пиджак без пуговиц, гороховые панталоны, легкие; калоши на босу ногу; в волосатом кулаке картуз с согну-тым козырьком, похожим на копытце. Глаза зеленые, дерзкие; худой, высокий,— живой разбойник, Горкин его все так.

— Ну, вот я...— говорит он железным голосом и сует кулаки под мышки.

— Э, Гараня...— трясет бакенбардами Фирсанов,— порядка не знаешь, не здороваешься? В дом тебя позвали, а ты с Хитрова рынка чисто.

— Ну, здрасьте...— нехотя говорит Гаранька.— А не нужен, дак я...— И он поворачивается боком.

— Не нужен — не звали бы,— говорит отец.— Англий-ский обед можешь?

— Чего ж не мочь! — через губу говорит Гаранька.— У Судака-паши не то готовил. Вам как... парадный или про-стой?

— Парадный. Англичанина провожаем, известный че-ловек.

— У-у... самый английский? — мычит Гаранька и начи-нает мотать ногой, будто хочет швырнуть галошу.

— Нет, сперва пропишись, после поговорим! — говорит отец, хмурясь.

— Это как же? — встряхивается Гаранька дерзко.— Не желаете — могу и уйти! — И опять повертывается боком.

— Вот за что тебя из дворца прогнали...— грозится ему Фирсанов,— за твои каверзы! А ломаешься — Лабунова возьмем.

— Зовите Лабунова. Беспокоите только... Ла-бу-но-ва! — И он уходит.

— Вот, с... с...! — говорит отец и сбрасывает костяш-ки-счеты.

— Дозвольте доложиться-с...— просовывается Василь Василич.— Не ушел-с, сейчас обойдется... маленько не при себе, не свеж-с.

— Настояще английский вам? — слышится за Ко-сым.— Когда изволите?

— Одумался? Завтра надо.

— Можно. Любят погорячей. Суп из хвостов — пер-вое удовольствие им. Ихней рыбы не найдем — сомовины возьму, под лимончиком с синдереем, уважают синдерей. Розбив, понятно, на хересе с синдереем, захреновым. Ин-дейка, опять под синдереем... можно и баранье филе, под чесночок, соус мадерный, с диким медом на битых слив-ках, желе брусничная. Ну, пудинги, понятно, с пламем... да уж, послов кормил! Закуски там, водка можжевеловая, портер, понятно...

— Это уж Фирсанов оборудует.

— Дозвольте, скажу-с...— просовывается голова Косо-го,— горькую шибко уважают, с перехватцем-с!

— Для ихнего сыру... рябчиков тертых,— печенков, на коньяке. Заячий пирог... да без зайца обойдусь: паштет из рябчишной требухи — не отличишь. Хотите — сами по мо-ему леестру, а то я в Охотный могу?.. Сами. Только пол-ная чтобы воля мне, подручных и медную посуду, очи-стить кухню... окромя положенного, две бутылки ряби-новки. После обеда зачинаю!— И, мотнув головой, уходит.

— Ах, с... с...,— говорит отец.

— А во дворце-то как мучились...— говорит Фирса-нов,— главный повар чуть от него не удавился. Из-за пи-рожков только и терпели... выгнали-таки.

— Дозвольте сказать, — опять просовывается Косой, — господин Энтальцев, поздравлятель... приятели с Кингой. И могу, говорит, для конпании, для разговора, умеет по-ихнему... у Бахрушина в сюртуке сидел, разговоры раз-говаривал с Кингой. Просится пообедать, для разговору.

— Вон что. Хорошо бы, правда...— говорит, обдумы-вая, отец, — у Куманина гувернантка разговаривала, у Губонина директор от Бромлея. Хоть и может Кинг по-на-шему, а надо бы. Да только как бы не напился... и одежи у него нет приличной. Ну, можно ему сюртук дать.

— Теперь одетый ходит, после тетки тыща рублей ему досталась. И теперь только портвейн пьет. Ну, рю-мочку ему налейте, а стаканчиков не ставьте.

— Пусть вечерком зайдет, посмотрю. Хлопочешь... вместе теткину тыщу пропиваете, знаю тебя!

— И никак нет-с, разок только угостил, по случаю тетки.

В кухне шумит Гаранька. Марьюшка даже образа вы-несла и гераньку, сидит — пригорюнилась в передней, без причалу, вздыхает-шепчет: "Нечистая сила, окаянный!" Я показываю ей, в утешение, картинки в поминанье, как душа по мытарствам ходит. Она вздыхает, тычет пальцем в картинку: "Вон он, в аду горит... живой Гаранька! И ры-жий, и глаз зеленый, злющий... такой же окаянный!" В кухне, говорят, сущий ад. Поварята визжат в чаду, вы-скакивают на двор, как шпаренные, затылки всё потира-ют: скалкой Гаранька лупит. Гремят кастрюли, плита так и полыхает,— как бы пожару не натворил. Косой заглядывает в окошко кухни и отходит на цыпочках, поднявши руки: "Ох, чего вытворяет мудрователь!" Затребовал льду корзину, дрова, чтобы без сучка, березовых... такой леестр прописал — половины в Охотном не достали, к Андрееву погнали, на Тверскую. Лимонов, синдерею, дикого меду палок, перцу самого едкого, хвостов бычачьих... на рябчи-ков и смотреть не стал — "с прострелом, не годятся!". На какие-то кеки-пряники ананасов затребовал... Поварята визжат: "Мельчей колите, а лучину велит щипать!" — Дро-вами недоволен. В кухню войти — боже сохрани! Двор-ник носил дрова... "Глядеть страшно,— говорит,— ножом пыряет, а кругом огонь и лед!" Все говорят: "Он и так-то въедлив, а как при деле — и не связывайся с ним лучше, ножом запорет". Я и к кухне не" подхожу.

Вечером Горкин со скорняком сидят под сараем на до-сках, что-то все шепчутся. Я спрашиваю опять, почему обед небывалый, а Горкин только: "Папашенька чудит, не наше с тобой дело". Скорняк говорит: "Им не обед, а по шеям бы... мы турков победили, а они нам навредили!" Я спрашиваю: "Кому по шее?" А Горкин сердится: "Нече-го тебе встреваться". И вдруг из кухни бежит Гаранька! И — прямо под колодец. Кричит Косому: "Качай, запарил-ся!" Утирается колпаком, вытаскивает бутылку и, из гор-лышка,— буль-буль-буль. Глаза у Гараньки страш-ные — кровяные, на фартуке — нож огромный, болтается. Садится на доски, страшный. "Перцем этим глаза про-ело... Капризные черти. Каждый человек ест и хвалит, а энти... все не по их. Навидался во дворцах послов этих! Он не глядит на тебя, а... мычит, с... с... такой-сякой, я, первый человек!" Скорняк уважительно говорит Гараньке:

— И вот что, обратите внимание... почему они нам воспрепятствовали? Мы турков победили, а они...

— Дармоеды, больше ничего! — кричит страшным го-лосом Гаранька и опять булькает.— У Судака жил... галок им подавал, ло-пали! С ими как надоть?.. Ло-пай! А то — к лешему под хвост!..

— А ему почет-уважение, обе-ды! — говорит Ко-сой.— На наших глазах вылупился. Панкратыч знает, как Мартына обманул... перешиб его наш Мартын, на Моск-ва-реке плавали. Господа избаловали, сто тыщ он нажил, ездить учил! Без его не уме-ли... Десять годов тому казаки наши на Ходынку его заманивали, сто рублей закладу: по-жалуйте потягаться, можете скусить гривенник с земли, на всем ходу? А наши скусывают. "Желаете ску-сить?" — "Не желаю. Не желаю морду обземь бить... у вас морда казенная, а у меня заморская". Хитрый оказался. Пальцымейстер умолял, Козлов: "Господин Кинга, скуси-те гривенничек, покажите ловкоту!" Казаки ему вперед давали: "На суконку гривенник положим, морды не повредите, докажите!" Не стал, не может. "Я,— говорит,— по-ученому учу". Набаловали. Сто рублей на день выго-нял! Барин Александров вдрызг прогорел, с ним крутил-ся, все дороги ему открыли. И господин Энтальцев, пья-ница наш... тоже весь израсходовался. Они вон кончи-лись, а Кинга сто тыщ набрал, и почет - уважение ему. Чудит папашенька...— говорит мне Василь Василич, пыряя глазом,— а ты не сказывай, чего Косой говорил... мы про-между себя говорим.

— Чего ж черту такому в брюхо еще пинать? — кри-чит Гаранька, а Горкин ему ласково: "Не шуми, не шуми, Гараня".— Не шуми... Знал бы — не взялся бы нипочем... из уважения только к заказчику. Три ему перец, черту!" Вся охота у меня пропала. Чертенята мои как бы чего...

Булькает из бутылки и идет шуметь на кухню. Поваря-та, выглядывавшие в окошко, скрываются. В воротах по-казывается господин Энтальцев, в чесучовом пиджаке, в шляпе и с тросточкой: идет, помахивает. На нем даже и воротничок крахмальный, и помолодел будто, только нос еще больше раздулся и посинел и серые мешочки под глазами обвисли ниже.

— Легок на помине,— говорит Косой,— садитесь, гос-подин Энтальцев.

— А, милашка...— сипит Энтальцев и треплет меня по щечке,— доложи папа, Валерьян Дмитрия, мол, по приг-лашению, для разговора.

— Я доложу,— говорит Косой,— не беспокойтесь, де-ло ваше на мазу; пировать будете, сюртучок вам и жилет-ку бархатную, в цветочках, подобрали.

— Погляжу, пойдет ли еще мне. Сигар, главное, не забудьте, англичане без сигар не могут. Бывало, ку-рил — целковый штучка!

— Вот и прокурился.

— Не прокурился, а... благодетельствовал. Кингу, бы-вало, на сапоги давал, а вот — двести тысяч от нас везет! Встречаю намедни — дай четвертной, до завтра... деньги в банке, банк на замке, праздник. Трешник! Ну, не сква-лыга?.. Черт с ним, пойду на пир, доставлю удовольствие, для шику.

Горкин крутит головой и машет: "А, грех с вами!" — и уходит к себе в каморку.

Съезжаются к обеду — Кашины, Соповы, Бутины-лесники, Болховитин-прасол, — в длинных сюртуках, важ-ные. Барыни, в шумящих платьях, в шляпах, с золотыми длинными цепочками в передвижках, рассаживаются в гостиной. Фирсанов оглядывает парадный стол, завален-ный серебром и хрусталями. Из коридора мне видно, как Энтальцев сидит под фикусом и потирает руки, а то заве-дет пальцы за пальцы и потрещит, покрякает. Оглядывает на себе сюртук, голубой бархатный жилет в цветочках. Смеясь, спрашивают его: "От Живого или от Мертвого?" Это такие магазины. Он потягивает повислый ус и стара-ется рассмешить, — стыдно ему как будто: "Не пора ль нам, братцы, выпить? Не пора - ли закусить?" Гово-рят — пора, да Кинга вот запоздал. На парадном кричит Косой: "Кингу привезли, примайте!" Отец говорит: "Пан-телеймона, что ли, привезли... примайте". Входит Кинг, в важном сюртуке и в серых брюках, лысый, сухой, высо-кий, в рыжеватых бачках, ставит палку с собачьей голо-вой, и его ведут в столовую закусить. Энтальцев расшар-кивается с Кингом, Кинг смеется: "А, ма-шейкин!" Отец подбадривает: "Разговаривай, не робей". Официанты юлят, с тарелочками. Энтальцев причмокивает: "Амбрэ с гвоздичкой!" — и говорит: "Альон!" — должно быть, ан-глийское словечко. Говорят: "Нальем!" И Кинг говорит, совсем хорошо: "Выпьем". Фирсанов просит: "Самый ан-глийский сыр-с, с синдереем-с!" Наливают Кинге можже-веловой, которая называется по-английски — "жин". Эн-тальцев пристает к Кингу: "Скажи — можжевелка!" Гово-рят: "А ну-ка, выверни!" Кинг говорит: "Мижи-мелка!" Смеются: мышья ёлка. Энтальцев ходит с двумя бутылка-ми, напевает "Стрелочка": "Я хочу вам наливайт, наливайт, наливайт..." Косой за дверями шепчет: "Сейчас наре-жется, никакого разговору от него не будет". Черный Ка-шин, крестный, кричит Энтальцеву: "Варя, шпарь ему по их!" Энтальцев говорит быстро, знакомое: "Ан-ки-дран-ки-дивер-друх — тибер-фабер-тибер-пух", а сам припля-сывает. Кинг лопочет ему: "Гаулау", а Энтальцев напере-бой: "Зендель-вендель козу гнал, Кинга денежки забрал!" Покатываются, кричат: "Загвазживай!" Кинг берет Энтальцева за нос: "Ти зулик, ма-шейкин!" Энтальцев говорит в нос: "Все родимые слова знает, обучили мы его с Вась-кой Александровым... Скажи: "Черт!" Кинг устраивает гу-бы, чтобы свистнуть, и выговаривает "Тчарт". Потом гово-рит: "А ти... ши-тра-па!" Фирсанов просит "опробовать самое которое англичаны уважают, зовется "спай-де-нас",— все послы кушают, повар нахваливает". Говорят: "А ну, каков таков "спать-не-даст"?" Кинг пробу-ет вилочкой что-то густое, красное, пучит глаза и набира-ет духу. Говорит, поперхнувшись: "У-у... казица... пи-пик... соус наш!" Пьет можжевеловку и набирает себе "пи-ки-пик". Пробуют и другие, говорят: "У, злющий, не про-дохнешь". А Кинг ест с удовольствием, хрипит: "Не весь мокут пик-пик наш!" Энтальцев тоже накладывает "пик-пик",— не то едали! Хвалит — облизывается: "Ме-дом... маслится хорошо... под него море выпьешь!" — по-глаживает жилет. Отец отводит его подальше. Кинг на-кладывает еще "пи-пику", говорит: "ма-шейкин",— хорош.

Двигаются к обеду, в залу. Подают суп из хвостов, "за-ячий пирог". Нахваливают, такого никогда не ели. Кинг говорит: "Эта такая... как ват, мягкий гразь", и просит еще кусок. Косой смотрит со мной за дверью, все крякает. Пахнет от него водкой, глаза остановились, страшные. Все уходят в столовую, закусить. Несут сомовину с крас-ным соусом, потом индейку под синдереем... У Энтальцева нет стакана, но ему подносят из своего соседи. Про-сят: "Ну-ка, поговори!" Энтальцев встает со стаканчиком и начинает — по-английски: "Гау-лау... мики-вики... дую-вздую..." — как самый настоящий англичанин. Косой шепчет: "Гляди ты, как отличается". Все смеются, Кинг говорит: "Ти... ма-шейкин!" Несут "пудинг с пламенем", самое главное,— на серебряных блюдах башенки, румя-ные, в пупырьях, из середки и по бокам мотаются синие языки огня. Кинг кричит радостно: "Браво, наш пудинг, ура!" Косой вдруг вскрикивает, вбегает в залу и начинает плясать, как пьяный. Пролился огонь из блюда, официант споткнулся. Ничего, потушил Косой, вернулся ко мне, го-ворит: "Все во мне горит, пойду попью". В зале кричат, что пожар надо заливать. Шампанского! Хлопают пробки. Тянутся к Кингу чокнуться. Проходят в гостиную, на ко-фе. Кинг разваливается в креслах, закуривает "царскую" сигару. Всех обносят сигарами. Берут "на память" и неку-рящие. Энтальцев сует в карманы. Стелется облаками дым. Разносят кофе с какими-то "кеки-пряниками", на ананасе. Кинг в восторге кричит: "Сами ма...шейкин!" — значит, очень уж хорошо. Мы с Косым пробуем за дверью: совсем не пряники, а кулич с вареньем и мин-далем. Проходит крестный, замечает меня, поднимает и говорит: "Идем, пропой англичанину песенку, мастер ты". Приносят и ставят перед Кингом. Кинг щелкает на меня зубами, вынимает из кошелька серебряный пятачок и говорит: "На костинцы, на чай... купи сахарни-сладки... Спей песеньку маленьку... бау-бау". Мне стыдно, но все просят, и отец велит спеть. Я начинаю "Ах, попалась, птичка, стой",— смотрю в пуговку на животе у Кинга и вижу, как он... уже не вижу пуговки, а большая рука его трет жилет, и как будто что-то икает там. Я припе-ваю— "отпустите полетать, развяжите сети..." — и вдруг жилет поднимается, и серые коленки идут куда-то... Гово-рят: "Чего-то с ним, смотрите какой!" Кинг стоит у двери, сгибается и крякает, трет живот. Просит: "Ведите меня... пожалиста... очень скоро... не потерплю". Отец манит его, бежит, распахивает двери в сени. Кинг идет, прихватив живот. В гостиной гогот, все давятся, говорят: "Это вот угостили, по-английски!" В сенях страшный шум, будто бьют в пол ногами. Кричат: "не пускает, дверь на крюке!" Кинга уводят кверху, в другое место. Отец отчитывает Косого: "Чего заперся, мошенник?" — "Ну, мочи нет!" — говорит Косой, бледный, на себя непохож. Бежит Энтальцев, качается: "Ножами режет!" — кричит в сенях: "Уж не

66

отравились ли, боже упаси?" — говорят кругом: "С огнем-то ели!" — "Нет, это не от огня, а... пик-пик-то этот... он сколько съел! И барин наш напробовался... спи-ка это".

Косого официанты уводят в мастерскую: совсем, гово-рят, свернуло. Уж не холера ли, на Хитровом, говорят, трое вчера скончалось. Ведут Кинга, зеленого, кладут на диван в столовой. Попить просит. Говорят: "Не давайте сырой воды, дать ему водки с солью". Ведут Энтальцева, укладывают на подушки на пол. Дают капли д-ра Инозем-цева. Оба кряхтят и стонут. Послали за доктором Кли-ном, Эраст Эрастычем. Отец растерян: еще трое недомо-гают. Клин — в городской больнице, рядом. Приезжает, осматривает, велит рвотного дать и молока побольше, компресс... Возможно, что и отравились, говорит.

Гости понемногу отъезжают. Клин велит позвать пова-ра Гараньку, но Гаранька без задних ног. Трут ему уши плотники, приводят в чувство. Он мычит и мычит: "Пере-ло-жил... дикого меду... три палки..." Это вот в тот, в "пик-пик". Из кухни приходит Марьюшка, кричит: "Че-го там, он, разбойник... касторка стояла в уголку, верхо-вые сапоги барину смазывать, в соус ее и опростал, с озорства, поварята сказали!" Клин говорит: "Ну, это ни-чего, только полезно... да с перцем еще, вот и оказало скорое действие". Велит показать соус. Испуганный Фир-санов докладывает: "Что было — все Василь Василич выли-зал, очень понравилось".

Уж и было смеху! Так все и говорили после, в пого-ворку: "Смотри, много не ешь, "кинги" не приключилось бы". Наутро спрашивают Гараньку, а он не помнит. "Да что я, враг, что ль, себе! Это старуха мне со злости напа-костила, влила!" Спрашивают поварят, а они напугались, божатся — ничего не видали, а старуха захаживала, как Ге-расим Семеныч отлучался. Спрашивают Марьюшку, а она — хоть иконы сымать, всеми святыми божится: "Да что я, нехристь какая, что ли? людей травить?"

Так ничего и не дознались.

67

РУССКАЯ ПЕСНЯ

Я с нетерпением поджидал лета, следя за его приближением по хорошо мне известным признакам.

Самым ранним вестником лета являлся полосатый мешок. Его вытягивали из огромного сундука, пропитанного запахом камфары, и вываливали из него груду парусиновых курточек и штанишек для примерки. Я подолгу должен был стоять на одном месте, снимать, надевать, опять снимать и снова надевать, а меня повертывали, закалывали на мне, припускали и отпускали — "на полвершочка". Я потел и вертелся, а за не выставленными еще рамами качались тополевые ветки с золотившимися от клея почками и радостно голубело небо.

Вторым и важным признаком весны-лета было появление рыжего маляра, от которого пахло самой весной— замазкой и красками. Маляр приходил выставлять орамы — "впущать весну" — наводить ремонт. Он появлялся всегда внезапно и говорил мрачно, покачиваясь:

— Ну, и где у вас тут чего?..

И с таким видом выхватывал стамески из-за тесемки грязного фартука, словно хотел зарезать. Потом начинал драть замазку и сердито мурлыкать под нос:

И-ах и те-мы-най ле-со...
Да йехх и те-мы-на-ай...

Я старался узнать, что дальше, но суровый маляр вдруг останавливал стамеску, глотал из желтой бутылочки, у которой на зеленом ярлычке стояло "политура", плевал на пол, свирепо взглядывал на меня и начинал опять:

Ах-ехх и в темы-на-ам ле...
Да и в те... мы-ны-мм!..

И пел все громче. И потому ли, что он только всего и пел,

68

что про темный лес, или потому, что вскрякивал и вздыхал, взглядывая свирепо исподлобья,— он казался мне очень страшным.

Потом мы его хорошо узнали, когда он оттаскал моего приятеля Ваську за волосы.

Так было дело.

Маляр поработал, пообедал и завалился спать на крыше сеней, на солнышке. Помурлыкав про темный лес, где "сы-тоя-ла ах да и со-сенка", маляр заснул, ничего больше не сообщив. Лежал он на спине, а его рыжая борода глядела в небо. Мы с Васькой, чтобы было побольше ветру, тоже забрались на крышу — пускать "монаха". Но ветру и на крыше не было. Тогда Васька от нечего делать принялся щекотать соломинкой голые маляровы пятки. Но они были покрыты серой и твердой кожей, похожей на замазку, и маляру было нипочем. Тогда я наклонился к уху маляра и дрожащим тоненьким голосом запел:

И-ах и в те-мы-ном ле-э...

Рот маляра перекосился, и улыбка выползла из-под рыжих его усов на сухие губы. Должно быть, было приятно ему, но он все-таки не проснулся. Тогда Васька предложил приняться за маляра как следует. И мы принялись-таки.

Васька приволок на крышу большую кисть и ведро с краской и выкрасил маляру пятки. Маляр лягнулся и успокоился. Васька состроил рожу и продолжал. Он обвел маляру у щиколоток по зеленому браслету, а я осторожно покрасил большие пальцы и ноготки. Маляр сладко похрапывал — должно быть, от удовольствия. Тогда Васька обвел вокруг маляра широкий "заколдованный круг", присел на корточки и затянул над самым маляровым ухом песенку, которую с удовольствием подхватил и я:

Рыжий красного спросил:
— Чем ты бороду лучил?

— Я не краской, не замазкой,
Я на солнышке лежал!
Я на солнышке лежал,
Кверху бороду держал!

Маляр заворочался и зевнул. Мы притихли, а он повернулся на бок и выкрасился. Тут и вышло. Я махнул в слуховое окошко, а Васька поскользнулся и попал маляру в лапы. Маляр оттрепал Ваську и грозил окунуть в ведерко, но скоро развеселился, гладил по спине Ваську и приговаривал:

— А ты не реви, дурашка. Такой же растет у меня в деревне. Что хозяйской краски извел, ду-ра... да еще ревет!..

С того случая маляр сделался нашим другом. Он пропел нам всю песенку про темный лес, как срубили сосенку, как "угы-на-ли добра молодца в чужу-дальнюю сы-то-ронушку!..". Хорошая была песенка. И так жалостливо пел он ее, что думалось мне: не про себя ли и пел ее?

Пел и еще песенки — про "темную ноченьку, осеннюю", и про "березыньку", и еще про "поле чистое"...

Впервые тогда, на крыше сеней, почувствовал я неведомый мне дотоле мир — тоски и раздолья, таящийся в русской песне, неведомую в глубине своей душу родного мне народа, нежную и суровую, прикрытую грубым одеянием. Тогда, на крыше сеней, в ворковании сизых голубков, в унылых звуках маляровой песни приоткрылся мне новый мир — и ласковой и суровой природы русской, в котором душа тоскует и ждет чего-то... Тогда-то, на ранней моей поре,— впервые, быть может,— почувствовал я силу и красоту народного слова русского, мягкость его, и ласку, и раздолье. Просто пришло оно и ласково легло в душу. Потом — я познал его: крепость его и сладость. И всё узнаю его...

ЛИК СКРЫТЫЙ

I

Сушкин получил отпуск. В батарее и в штабе ему надавали поручений: батарейный просил привезти колбасы и пуншевой карамели, другие - кто что, а командир дивизиона, пожилой человек, отвел в сторону и сказал, хмуря брови:

— Зайдите, подпоручик, в синодальную лавку и купите такое вот... — показал он с вершок, — Евангелие. Я затерял, а мне прислали форматом больше. Самое маленькое купите.

Поручение было это приятно, хотя Сушкин с гимназии не раскрывал Евангелия: приятно было узнать, что его командир, сухой и деловой человек, живет еще и другой, не деловой только жизнью.

С денщиком Жуковым он поехал на тарантасе к конечной станции, прощаясь на время с разрухой и неуютом пугливо остановившейся жизни. Сбоку дороги, в голых кустах, солдаты рыли могилу, на снегу лежали кучки желтой земли, пустынно смотрели свежие низенькие кресты с черными буковками. Для чего-то стоял на дороге высокий шест с метелкой соломы, а под ним, как под кровом, солдат перетягивал портянки. В виду длинного новенького барака с флагом попалась подвода с гробом, и шли два солдата: рыжебородый — с веревкой, и черненький и вертлявый — с новым крестом.

— К благополучию! — сказал Жуков и снял папаху. — Эй, земляк! не калуцкой будет?!.

— Солдаты поглядели, — чего это кричит при офицере, — черненький отмахнул крестом.

— Божий!

— Почему же к благополучию? — спросил Сушкин.

— Примета такая старая, ваше благородие, — сказал Жуков, а сидевший за кучера солдат пояснил:

— Глупость калуцкая, ваше благородие. Благополучия такого много... А у нас, в танбовской, этого никак не понимают.

71

Сушкин подумал: "пусть будет к благополучию! я еду к Наташе".

Поезда пришлось ждать. У столика, где Сушкин пил чай, сидел низенький сухощавый капитан с нервным лицом в серой щетинке и постукивал ложечкой. Он уже был ранен — в голову, поправился, а теперь сильно контужен — страшные боли и дерганье, и едет лечиться. У капитана — узнал Сушкин — в Сибири жена и две дочки, Лида и Котик, дом с садом и чудесные куры лагншаны. Капитан показал и карточку жены — худенькой, с усталым лицом, — и девочек в белых платьях. Рассказал о себе и Сушкин, — такой душевный был капитан, — что едет навестить мать, и подосадовал, что потерял Наташину карточку, когда пропал чемодан, в походе. А то бы показал капитану.

К ночи поезд составили. Это был санитарный, и ехать пришлось в служебном вагоне, и в тесноте. Решили доехать до узлового пункта, а там пересесть в пассажирский и выспаться. Проговорили всю ночь. Рассказывая про свое, Сушкин вспомнил свои письма-признанья и стыдливые, в которых очень мало прочтешь, — Наташины. Вспомнил, как собирал ландыши под обстрелом.

— ...Батарея стояла в лощине, у леса, а лес сильно обстреливали. Удивительное ощущение было!

И вызвал в памяти этот лес, темный, пустой и гулкий от грохота. И тихие ландыши — маленькие Наташи.

— Лес был словно живой... кричал! И знаете... я тогда в первый раз увидел, до чего красивы цветы! Это были какие-то необыкновенные ландыши! И запах...

Не сказал только, какое восторженное послал тогда Наташе письмо с этими ландышами, и как Наташа ответила: "мне было страшно читать, храни вас Бог".

...Не поймет капитан, что заключено в этих чудесных словах! Тут вся Наташа.

Капитан рассказал, как женился, как они погорели, и как погибли все его куры, но потом он снова завел. Показал даже, какой ему шерстяной шлемик связала Лида, а Котик прислала ему в посылке...

— Не догадаетесь! Открываю посылку... — шептал капитан, приближая круглоглазое маленькое лицо к лицу Сушкина, словно сообщал тайну: — оказывается! шоколад, печенье... и... стоптанная ее туфелька!! А только отбили жесточайшую атаку! До слез!!

Поговорили о войне, о жизни, о планах на будущее. Сушкин высказывался откровенно и горячо.

— Я и раньше смотрел на жизнь, как на результат моей воли, моих усилий... Хочу, знаю — и строю! А война меня еще больше укрепила в этом. Уметь и хотеть! А теперь я и наголодался. Жизнь пока ждет, но... придет время! Наверстаем свое, капитан! Будущее не за горами...

Это будущее ясно смотрело на него, обдуманное и верное: вернется — будет Наташа, будет инженером товарищества, — ход открыт, у главного инженера определили врачи диабет; директор товарищества — будущий шурин. А там — изучит дело, поставит свое и будет независимым... А не вернется... Но тут и не может быть будущего.

— Да, да... — оглушенный потоком слов, нервно повторял капитан и дергал лицом.

— Хороший урок всем мягкотелым эта война! — возбужденно не раз повторял Сушкин, и все развивал капитану свои взгляды на жизнь, как ее надо ковать. — Ничего без борьбы! Борьба... это — великий двигатель!

— Да, да... — повторял и повторял капитан, прихватывая усы и морщась.

Надоели друг другу и устали.

Утром пересели в пассажирский поезд. Устроились удобно, в купе. На нижнем месте, ткнувшись головой в смятую комом бурку, храпел толстый доктор, не стыдясь заплат на штанах. Сверху торчал грязный сапог с погнутой шпорой.

— Счастливый народ! — сказал, дергая лицом, капитан. — Могут спать. А меня и бром не берет.

— А я очень посплю, — сказал Сушкин, потягиваясь, и похрустывая суставами. — Считайте до тысячи — и заснете.

Капитан поглядел на его здоровое, выдубленное ветром и солнцем лицо, и сказал раздражительно:

— А вы попробуйте почихать!

Сушкин хотел было лезть на койку, подержался и сел выкурить папиросу.

— Серьезно... считайте и ни о чем не думайте.

— Вот и попробуйте почихать! — повторил капитан. — Тут и ваша математика не поможет. А я, знаете, вдумываюсь все, чего вы понасказали... Все в жизни сводить к математике, к этим таблицам вашим! Это вот сведите, попробуйте, — потыкал он в грудь. — Это хорошо разговаривать — планомерность, рассудочность... война вас научила... По вашим таблицам — пятеро сильней одного, а я с батальоном полк немцев гнал!

Как и в том поезде, капитан начинал раздражаться. Его темное, измученное лицо, с ввалившимися покрасневшими глазами и горбатым носом, все передергивалось и было похоже на ястребиное. Он все прихватывал седеющие усы и прикусывал, и это особенно раздражало Сушкина.

— От чувства-то вы и не спите... — сказал он капитану. — Начувствовали себе, простите... всякие ужасы... и жена-то вам изменила, и девочки ваши умерли, и жена умерла... а сами не верите этому и будете покупать подарки! А там, небось, действовали планомерно!

— Нет-с, оставьте! — дернулся капитан и погрозил пальцем. — Это совсем не то! Жизнь тем-то и хороша, что есть в ней для меня и радостная случайность... которую я и предвидеть-то не хочу, чтобы она меня еще больше обрадовала! А вы хотите меня надо всем поставить?!

— Против радостных случайностей я ничего не имею...

— Нет, имеете! По-вашему, расчет да расчет! Железная воля да сознательная борьба! Это я и не понимаю. Говорите, война дала вам чудесный урок? откровение вам явилось, когда вы шрапнелью поливали... — что за сила у человека! И сейчас готово: проявляй себя так и в жизни... упорно и с полным расчетом?! Говорите, что теперь уж ничего не уступите без борьбы? Значит, бей наповал?!

— Если я считаю своим правом...

— Вот-вот! Считаю... своим... правом! — сердито качая пальцем, повторил капитан. — А если... я считаю своим правом... то же?! Я послабей, так меня и за глотку?! Э, батенька...

— Ну, и пусть, так! — поддаваясь на раздражение, запальчиво сказал Сушкин. — А свое настойчиво буду проводить, коли уцелею.

— Так уже постарайтесь и уцелеть... по таблицам! И что за таблицами — и туда заглянуть постарайтесь и предусмотрите. Пульку-то, которую сейчас где-нибудь в Гамбурге какой-нибудь хромой немец для вас отлил, предусмотрите! А... может, и для меня какой-нибудь Ганс мертвый газ делает... а я хочу верить, что расчет у Ганса-то Вурстыча и не выйдет, глядишь! все его выкладки-то один мой Котик своей туфелькой расшибет?! Так как-то выйдет... Я туфельку-то получу да со своим батальоном и прорвусь в тыл, да всю заготовку-то и опрокину! И не за себя, а за Котика, за всех! На какой вершок эту туфельку прикинете? А Бельгию-то куда девать? Ведь ей по вашим-то таблицам надо бы для немцев дорожки мостить! Дважды два — четыре!

— Не так вы меня берете! — сказал досадливо Сушкин и поглядел на верхнюю койку — спать бы. — Я что говорю... Нашему расхлебайству да еще и евангельскую мораль!.. Это когда можно было дремать под солнцем. А теперь что идет?! Подставление щек надо сдать в архив. Теперь все глядят, нет ли еще и третьей щеки готовой. Многое придется повыкинуть! — решительно сказал он и отшвырнул окурок.

— Ну, и вы, голубчик, поизмочалились... — сказал, присматриваясь к нему, капитан. — Меня граната контузила, а вас волшебная картина боя потрясла. Теперь и с зарядцем! У курсисток молоденьких так бывает. Новенькое узнали, а сами зелененькие еще... и сейчас у них и словечки новенькие, по специальности: и абсцесс, и процесс... так и сыпят! На собрании раз послушал!.. координация, организация... такие профессиональные словечки! А, по-моему, это называется — бумагу жевать!

— Эх, капитан! А нутра-то не видите? — сказал Сушкин, а капитан подхватил:

— Ага! В нутро-то еще верите?! Я про что говорю — бумагу жевать? Я нутра не трогаю! Говорю — бумагу жевать! когда одно — а-а-а! — сделал он ртом, прихватывая усы. — Про словесный раж говорю!

Торчавшая с верхней койки нога шевельнулась, и басистый голос сказал значительно: — гм!

— Вот и у вас это... — продолжал капитан. — Узнали на опыте, как орудие цифру слушает, — математику в жизнь! Увидели, что на войне организованность делает, — железом вгоняй организованность! В мозги программу, в душу таблицу? По этой логике младенцев можно душить, сапожищами гвоздяными да покрепче, чтобы хрустело?! Народы стирай, туда их, к дьяволу... с их скарбишком несчастным, с ребятами, с потрохами, с веками! Топчу, потому пра-во имею! а право у меня на чем?! Весь в железе — вот мое право! аппетит имею и математикой докажу, что прав! Это вы у ихнего Ницше прочитали?!

Сушкин понял, что спорить безнадежно: оба разгорячились. Но не удержался и спросил с раздражением:

— А вы, капитан, читали Ницше?

— Не читал, а знаю! Я теперь тоже много узнал... и благоговею! И другого чего узнал, а таки видал и хорошего.

— Что же вы видали благоговейного... там?!

— А вот что видал. Шли мы Восточной Пруссией, ну... дрались. Так дрались... — один мой батальон целую бригаду удерживал немцев. Отходили с боем. Сменили нас, дневка была... Стояли, помню, у местечка Абширменишкен. Наши прозвали — Опохмелишки! Солдатня, понятно, нашаривает сейчас по окрестностям. И вижу под вечер... бегут двое моих к леску, что-то под шинелями прячут. Стой! Смотрю — у одного каравай с полпуда, у другого... — "Закусочка, говорит, ваше высокородие!" Гляжу — каши котелок, сало, кости какие-то. Куда? Плетут то-се... оказывается! Немцам тащат?! Не понимаю. Вчера немцы нас такими очередями шпарили, а тут — закусочка! Веди! Сполошились, повели. Версты с полторы в лесу сторожка — две бабы, штук семь ребят и старик хромой. Немцы. Оказывается! Две недели сидят, пятый день хлеба не видали, ребятишки ревут. Со страху из местечка сбежали, а солдатня и нашарила. Бабы тут ни при чем, не думайте. И все разузнать успели, словно и земляки... что курица у немцев была для ребят припасена, а курицу кот загрыз. Черт их знает, а никто не-мецеки ни черта! Расспрашиваю, и вдруг — процессия целая! Четверо еще моих заявляются: один комод на спине прет, другой стулья с гладильной доской и портрет... Вильгельма... в золоченой раме... третий — целый короб всякой дряни: юбки, тряпки, ботинки, шторы кисейные... а четвертый — корову ведет! Оказывается! Обшарили поместье чье-то и приволокли этим на новоселье. Устраивали с комфортом! Правда, немцы руками замахали — соседское, нельзя им принять. А хлеб есть стали и корову доить принялись! А вот тут старик тот хромой тычет при мне кулаком в Вильгельмов портрет и говорит-плачется: "он все, он... а мы не виноваты!" Вот это я видал! Тут математики нет... тут высшая математика, которую вы выкидывать собрались!

— А потом этот старик с бабами стреляли по вас в затылок? — не сдерживаясь и досадуя, что говорит это, сказал Сушкин.

— Не знаю-с, не знаю-с... — обидчиво сказал капитан в сторону и заерзал.

Сушкин взглянул на его истомленное лицо и подосадовал, — зачем растревожил человека. Спросил себя: "а сам-то я, действительно ли такой, каким представился? А прав все-таки я".

II

Сушкин полез спать. Поглядел в окно. День был сумрачный, с оттепелью. Густые серые облака лежали низко над темным лесом. Ни утро, ни вечер.

"Где-то теперь синее небо? — подумал он о Наташе. — Там, должно быть, синее небо".

Он сунул под голову кожаную подушку, свою походную "думку", и скоро уснул. Но только уснул, — резкий толчок от груди в голову вскинул его на койке. Он в испуге открыл глаза и понял, что это то самое, что бывало с ним часто последнее время, — нервное. Поезд стоял. Офицер, напротив, теперь не спал: он лежал на локте и глядел на Сушкина желтым пятном лица. Капитану внизу, должно быть, надоела струившаяся за окном свинцовая муть: он опустил шторку, и в купе стало совсем сумеречно.

— Однако, как вас встряхнуло... — сказал офицер.

— Да, проклятый невроз.

— Ранены были?

— Пока нет, — сказал Сушкин, — хоть работать пришлось порядочно. А вы ранены... — заметил он, что левая рука офицера была на черной повязке.

— Так, несерьезно.

Завозившийся внизу доктор поднялся и тронул за ногу офицера.

— Не грех и Шеметову окреститься... — сказал он любовно. — Прощай, капиташа, слезаю.

— Прощай, миленок... — сказал офицер, пожимая руку. — Да не дури, право, там...

Доктор ушел.

— Вы... Шеметов?! — радостно удивленный сказал Сушкин, привставая на локте, чтобы лучше видеть.

И увидел очень худое, желтоватое лицо, в черных усах; не то, какое он ожидал увидеть, когда услыхал фамилию. Но было что-то в этом невеселом лице, чего он не мог сразу определить.

— Я много слушал о вас чудесного, капитан! — сказал он восторженно.

— Ну, чего там чудесного! Работаем, как и все.

Офицер лежал на правом боку и скучно смотрел, подперев щеку.

Вот он какой! Это он выкинул свою батарею на голый бугор, сбил батарею противника и разметал насунувшуюся бригаду, доводя до картечи. Это он дерзко вынесся на шоссе, в тылу, нежданным ударом опрокинул и сжег обоз, гнал и громил с двумя подоспевшими эскадронами знаменитый гусарский полк и ветром унесся, расстреляв все снаряды. И еще многое. Так вот он какой, Шеметов!

— Зубы болят... поганство! — сказал Шеметов, почвокивая.

— Теперь отдохнете... — радуясь встрече, даже с нежностью сказал Сушкин.

— Это давно, сниму скоро... — приподнял Шеметов руку в повязке. — Мать хоронить еду.

И вдумчиво посмотрел в глаза. "Вот почему он скучный", — подумал Сушкин.

— У вас мать жива?

— Жива. Моя мама еще не старая. Была больна, как раз к ней и еду.

— Так. А моя старенькая была. Бывают такие тихие старушки... — задумчиво, будто с самим собою, говорил Шеметов. — Ходят в черных косыночках, сухонькие... а лицо маленькое... — и замолчал.

Эта неожиданная задушевность тронула Сушкина. Он все так же на локте смотрел на Шеметова, не зная, что бы такое сказать ему. А сказать хотелось. Он смотрел на его скуластое невеселое лицо с полузакрытыми глазами, и теперь новое чувство поднялось в нем к этому удивительному человеку: стало почему-то за него больно, будто уже знал его жизнь.

— Вы знаете, капитан, как говорят про вашу батарею?

— А что? — безучастно спросил Шеметов.

— "Замертвит шеметовская — все погасит!"

На лице Шеметова было то же.

— Замертвит... — повторил он и усмехнулся. — Да, говорят...

Он неприятно усмехнулся и посмотрел Сушкину прямо в глаза, как будто хотел сказать: "что ж тут особенного?"

— Так, так... — задумчиво-грустно сказал он себе, продолжая смотреть в глаза Сушкину. — Да, теперь у нас будет полная мертвая батарея...

— Мертвая?! — удивился Сушкин.

— Такая подобралась! — сказал Шеметов, а глазами спросил: "Не правда ли, какая странная штука?"

Сушкину стало не по себе от этого напряженного взгляда, беспокойно как-то. Он опустил глаза.

— Да, все товарищи мои с крепом... в душе. Не странно ли?

— Правда, странно, — согласился под его взглядом Сушкин и теперь понял, что его поразило в лице Шеметова: очень высокий лоб и заглядывающие в душу глаза, в холодном блеске. Подумалось: "За этим-то лбом и глазами таится весь он, странный и дерзкий, которому удавалось то, что должно бы губить всех других".

— Как будто и р-роковое что-то? — все так же пытливо всматриваясь, спросил Шеметов. — Вы как... не мистик?

И усмехнулся.

— Нисколько. Напротив, я был бы счастлив служить у вас...

— Если не любите блиндажей, милости просим... — шутливо сказал Шеметов.

Сушкин вспыхнул и ничего не сказал. Только подумал, — какой странный этот Шеметов.

— Да... моя батарейка... правда, мертвит. Немцы нас хорошо знают, мы у них на учете. У меня есть наводчики, вот-с... с точностью инструмента могут, по ширине пальца... — поставил Шеметов перед глазами ладонь на ребро. — Мертвит батарейка... Зато и своих мертвит! У четверых моих офицеров за войну померли близкие, а трое сами подобрались к комплекту. Странно, не правда ли? А ведь, пожалуй, и хорошо, в трауре-то? Разве война так уж необходимо радостное?..

Сушкин ничего не сказал. В словах Шеметова ему показалось значительное, и он опять подумал: "Но какой он странный!" И совсем смутился, когда Шеметов спросил, пытая взглядом:

— Вы что подумали... не совсем я... того?

Губы Шеметова насмешливо искривились, и в тоне было затаенно-насмешливое, словно он говорил: "А как я вас знаю-то хорошо, подпоручик Сушкин!"

— Нет, я этого не подумал... но мне действительно показалось странным...

— Ну, вроде того. Видите, сколько странного! — с той же усмешкой продолжал Шеметов. — Вы подумали, а я уж знаю... А может быть, и вы что-нибудь угадали... Жизнь умеет писать на лицах.

"Я не ошибся, — подумал Сушкин, — у него было много тяжелого: написала на лице жизнь".

— Видите, дорогой, как много странного! — продолжал Шеметов. — Только в математике ничего странного не бывает. Ну, так при чем же тут математика?

— При чем математика... — не понял Сушкин.

Холодно посмеиваясь глазами, Шеметов сказал:

— Я слышал ваш разговор... — показал он глазами книзу. — Математика математикой, но есть еще очень мало обследованная наука... пси-хо-математика! Не слыхали... Вот этой-то психоматематикой и движется жизнь, и мы с вами живем, хоть иногда и не чуем. А чуять бы не мешало.

— Психоматематика?! — переспросил Сушкин.

— Не будем спорить о слове. Пусть это наука о жизни Мировой Души, о Мировом Чувстве, о законах направляющей Мировой Силы. Вы верите в незыблемые законы материи... их вы можете уложить в формулы. Но есть законы, которые в формулы еще никто не пробовал уложить. Ну-ка, переложите-ка в формулу, что вы чувствуете сейчас ко мне! Сейчас и запутаетесь в словах даже. Это к примеру. Так вот-с... Ее законы еще и не нащупаны... и величайший, быть может, закон — закон непонятной нам Мировой Правды! Не справедливости... это все маленькое самому дикому человеку доступное... а Правды! Я, положим, называю его... ну, законом Великих Весов. А вот... На этих Весах учитывается... и писк умирающего какого-нибудь самоедского ребенка, и мертвая жалоба обиженного китайца, и слезы нищей старухи, которая... — заглянул Шеметов за шторку, — плетется сейчас где-нибудь в Калужской губернии... и подлое счастье проститутки-жены, которая обнимает любовника, когда ее муж в окопах! Громаднейшие Весы, а точность необычайная. Закон тончайшего равновесия...

— То есть вы хотите сказать — закон возмездия? Но это уже давно: "какой мерой меряете..." — сказал Сушкин и вспомнил поручение командира...

Шеметов усмехнулся...

— Это не то. Там ответственность личная, а тут другое. Тут... ну, круговая порука, что ли...

— Это что-то у Достоевского... — сказал Сушкин, но вспомнить не мог.

— Не знаю. А если у Достоевского есть, — очень рад. Да и не может не быть у Достоевского этого. Он имел тонкие инструменты и мог прикасаться к Правде. Так вот... круговая порука. Тут не маленькая справедливость: ты — так тебе! А ты — так всем! всем!! Вы понимаете?! Действуй, но помни, что за твое — всем! Чтобы принять такую ответственность, — как еще подрасти надо! А когда подрастут, тогда ходко пойдет дело этой, направляющей мир, Правды. А сейчас только еще продираемся, как в тисках... знаете, как обозы зимой скрипят? Хоть и скрипят и морозище донимает, а прут. И припрут! Когда эту науку постигнут — тогда кончится эта жизнь, которая напутывает узлы. Тогда... — сказал Шеметов мечтательно, — Бог на земле! Впрочем, спите. Помешал я вам спать... Нет, нет... мы еще успеем поговорить.

Сушкин опять подумал: какой неуравновешенный и встревоженный человек. И было досадно: такое интересное вышло начало. И это странное чуяние друг друга; словно Шеметов хорошо его знает, — так показалось Сушкину, — и он знает Шеметова. И что это за психоматематика? Закон Великих Весов... Психические свойства материи? Развитие положений монизма? Очевидно, есть у Шеметова собственная система, которую он, должно быть, развивал на позициях, когда мысль работает особенно напряженно. Это и по себе знал Сушкин.

Шеметов лежал на спине и курил, подергивая скулой: томил его зуб. Теперь его нос не казался широким, а лицо было настороженное, словно Шеметов напряженно думал.

— Капитан... серьезно, я не хочу спать. Поговоримте...

Вышло по-детски, будто Сушкин просил старшего, от которого он зависит, — но это не было ему неприятно.

— Не хотите спать... — будто удивился Шеметов. — Ну, говорите.

Это "говорите" он сказал так, будто для него нет никакой необходимости говорить. Но сам же и начал, пока Сушкин обдумывал, о чем говорить.

— Хотелось бы знать мне... — начал Шеметов, — только ли внешними оболочками мы живем, что доступно глазу и цифре? Нет ли еще и сокровенного смысла какого, Лика вещей и действий? Погодите... Видели доктора? Счастливейший человек, жиреет себе... Слышали, небось, как храпел?

Сушкин улыбнулся, вспомнив, как лежал доктор.

— Поставили бы, пожалуй, его жизни красненькую пятерку, добрую, пузастую. Ничего доктору не надо: выспался, пошел — и там поест-выспится? А оказывается — смерти человек ищет... — понизил голос Шеметов до шепота, и его лицо стало болезненно настороженным. — Ищет смерти и не может найти. И толстеет! А?! Тут уж и смысла никакого?

— Ищет смерти?.. — недоверчиво повторил Сушкин.

— Ищет, чтобы распорядилась судьба, а она не хочет распорядиться. Очевидно, там где-то, куда наши расчеты и маленькие глаза не проникают, еще не сделано выкладок... не укладывается в нашу формулу доктор... — усмехнулся Шеметов. — Перед войной у него утонул единственный сын, студент, и отравилась жена, не вынесла горя. А он пошел на войну, и вот ищет смерти. Нарочно перевелся в пехоту, ходил в атаки, перевязывал и выносил под огнем, у него убивало на руках, а он все не находит. Теперь затишье, и он перевелся пока в госпиталь, на опасную работу. А по нем и не видно. А что увидишь на этом? — показал Шеметов к окну. — Тут посложней доктора. Теперь бы вы поставили его жизни самую зеленую единицу! А чудеснейший человек, и никакая "мера" тут не подходит... "какою мерою меряете...". Роком пристукнуло, а? Значит, стукайся головой, вешайся, напарывайся?.. Или уже овладей тонким каким инструментом — и оперируй! Провидь Смысл...

— А вы овладели... "тонким инструментом"?

— Чу-дак! — благодушно сказал Шеметов. — Что такое значит — овладеть! Тут интуиция... "Тонкий инструмент" есть и действует. Только подрасти надо, поглубже вглядеться, душой прикоснуться к скрытому. Лику жизни. Мир в себя влить и связать с миром. Ну, как вам война? смысл и какой вывод?

Это было совсем неожиданно, да и вообще Шеметов говорил непоследовательно. Сушкин уже высказал тому капитану свой взгляд на войну и теперь хотел знать, что скажет Шеметов. И потому сказал кратко:

— Мне война показала силу человеческой организованности и достижений во что бы то ни стало. И еще... человек проще, чем думают. Может перешагнуть в любую эпоху и приспособиться. Культура легла на него легкой пыльцой, и потому война раздела его донага. Война доказала, как провалились признававшие в человеке мощь духовных начал и укрепила иных, как я, например... — сказал Сушкин задорно, — которые принимают, что идейное и духовное — только временные подпорки, которые и отбросить можно, если в них нет потребности. Человек — сложный состав, который можно и упростить.

— Химик вы, что ли?

— Да, химик. А вывод, по-моему утешительный. Из человечества можно лепить по плану. Можно вылепить и зверей или зажечь "небесным огнем".

Шеметов перевалился на правый бок и поглядел на Сушкина острым злым взглядом. И опять Сушкин подумал: "он не в себе".

— Война... Что вы сказали, значит — ничего не сказать. Ляжет на вашу койку биолог, скажет про процессы сложнейшего организма, приведет тельца и шарики. Социолог поведет в теорию эволюции... психолог, политикоэконом, — каждый по-своему... Социал-демократ бросит свое — гипертрофия капитализма! И докажет глубже иных. Потому что не только по формуле, но и кровью своей знает. Но и он только "специалист"! Разберут войну по кусочкам, а сердцевины-то, Лика-то скрытого... и не дощупываются! Эти

84

специалисты! Каждый с таблицей и ярлычком... Но даже у пня имеется сердцевина и лик. И в вашей жизни, поручик, есть лик скрытый! Вон капитан храпит... — показал Шеметов на нижнюю койку. — Успокоился человек... Рот раскрыл, а к нему в рот искровая волна лезет, и начертано этой волной, что сейчас в Атлантическом океане гибнет какой-нибудь пароход "Саламбо". А изо рта капитана навстречу храп и запах от зуба. А мы с вами только и слышим, что храп, и можем почувствовать этот запах... а что пароход тонет — в купе об этом никто не ведает. Жизнь идет к неведомой цели и не идти не может, ибо есть и для жизни Закон! Как огонь не может не жечь. И носит она в себе свой Лик скрытый... Но этот Закон можно только пока предугадать этим вот... — втянул в себя воздух Шеметов. — Ну, представьте по чудесному запаху чудесный цветок, — который вы никогда не видали и никогда не увидите.

— Это что-то метафизическое... — начал Сушкин, но Шеметов перебил с раздражением.

— Погодите наклеивать ярлыки! Лоскутки тащим и кричим: вот она, истина! Есть учение, что истины никакой нет, да и ничего вообще-то нет, а только один мираж! И тут все-таки хоть маленькую какую истинку иметь нужно — для освещения этой дороги-призрака: целую систему и оправдание и даже целесообразность для миража постарались изобрести. А если я громадное и безмерное и самое реальное признаю и не свечки какие, а громадное пламя имею? Почему же это пламя не будет светить мне, хоть вы и приклеите к нему ярлычок? Если я этим пламенем могу человечество из канавы выдрать и заставить расти? Если могу по чудесному аромату чудесный цветок представить?

Шеметов поднялся и с ненавистью даже взглянул на Сушкина.

— Если я это пламя на своей шкуре вынес, все себе руки сжег, чтобы его принять?! Если я потерял все в жизни, что казалось ценнейшим, а теперь... старуха моя померла... уж и все потерял и никогда не найду? Ни по вашим трактовкам и ярлыкам да и по себе не найду? Война... неопровержимо доказала одно и одно: гипертрофию не капитализма, а "мяса"... "мяса"!

— Мяса...? — повторил, не понимая, Сушкин.

— Да, "мяса"! И порабощение духа! "Мясу" фимиам воскуряем. И все поганство свое кидаем в пространство, не чуя даже, как это поганство растекается, как водяные круги от камня, и заражает. Гипертрофия мяса! Обожествление оболочек! Заляпали большие глаза и смотрим маленькими. Вы скажете: но наш век не только торжество "мяса", а соц... а социализм-то! Ведь он какие ценности-то несет, ведь он в семиверстных сапогах шагает, вот-вот выше Гауризанкара подымется и человечество очистит и облагодетельствует! Но я скажу: не "мясо" ли и тут на подкладке окажется? не поведет ли и он от неба к земле, начав с неба?

Сушкин усмехнулся, но Шеметов покрыл его усмешку своей.

— Что?.. уж такой я простец, азбуки даже не понимаю? Но и социализм только оболочка, а не сердцевина! И в царстве социализма страх будет и кровь... и муки! Это только ступень. Да, я не из кабинета, но я и не раб, не раб! Зато хорошо обожжен и не протекаю. Меня ни одна партия не примет и не назовет своим... Человечество еще и не начинало входить в то Царствие, по которому тоскует смертно... — перекинулся Шеметов в иные мысли, и Сушкин узнал точку в его холодных глазах. — Человечество сейчас и на задворках этого Царствия не пребывает... Оно еще в стадии проклятого "мяса", еще должно завоевать право на Царствие... вымыть глаза и узреть. Должно пройти через Крест! Оно еще только сколачивает этот Крест, чтобы быть распятым для будущего Воскресения. Распято, подпоручик! — повторил Шеметов жарким шепотом, приближая тревожно-восторженное лицо к лицу Сушкина. — И был символ — то, давнее Распятие.

Звал, а не постигли! И напутывали узлы... А Весы взвесили и требуют неумолимо: да будет Великое Равновесие! И будет распято! И уже давно вколачивает в себя гвозди. И тем

86

страшнее и больней это распятие, чем больше накоплено "мяса". Круговая порука! И вот все гвозди тащат, и крест сбивают, и кровь из себя точат. Вот уже мы с вами, как специалисты этого дела, и приводим в прекрасное исполнение. А мясистый-то человек говорит гордо: какая чудесная вещь организованность и что за сила у человека! Какая подлая слабость у человека! Не усмотрели Знака. А он простер страшные концы свои от края и до края светлого неба... — сказал Шеметов восторженно, и в глазах его увидал Сушкин пламенную тоску. — А человечество разменяло этот Знак на значочки и таскало, как побрякушку. Про третью щеку говорили? Да как же не искать третьей щеки, когда у самого обе излуплены?! У каждого излуплены в свалке проклятой... Так вот и хочется каждому прикрыться чужой третьей, чтобы в барышах остаться. И каждый лупит, и каждый тоскует и ждет чудесного. А уплатить за чудесное не думает.

— Итак, это наказание — этап? — спросил Сушкин.

— Это подведение итога. Две тысячи лет тому назад итог был подведен: показано было человечеству богатство, кровью нажитое... указана была чудесная дорога по вехам, кровью и муками добытым! Я не поп, конечно, и осмысливаю великий опыт веков... Все человечество, искавшее своего смысла, чудесного своего цветка, ну... идеала, что ли... ну, счастья, что ли... сказало Одним Избранником: "за них Я посвящаю Себя чтобы и они были освящены Истиною!" И напрасно оказалась Жертва. И вот второй итог: за это "посвящение" Одного, как величайшего выразителя всех миллиардных поколений, всех мук этих поколений — все! Ибо безмерна Жертва! Не увидали Креста — да увидят Креста! И увидят. Да будет Великое Равновесие. А иные чудесную идеологию строят, проявление мощи видят.

— А психоматематика? — спросил Сушкин.

— А я думал — вы уж и разобрались в ней, — удивился Шеметов. — Ну, учет высшим масштабом... проникание в Лик жизни! Тут все утончено — и любовь, и глаза, которые должны видеть под оболочкой... и сила принять величайшую из ответственностей — за всех перед самим собой...

— Ну, хорошо, — сказал Сушкин. — Я, положим, и признал: я — так всем! ну, за каждое мое действие отрицательное, что ли... понесут ответственность, — и я воздержусь. Но большинство-то будет наслаждаться! Какое нам дело? Ну, пусть, скажут, страдают, а нам хорошо!

— Да, до поры. А в итоге равновесие будет — и путь будет прочищен, и новая веха поставлена! Вот и подымись, во имя будущего-то подрасти, прими муку, но подрасти и выведи будущие мириады на светлую дорогу. Увидь, наконец, великий масштаб, а не свои сантиметры! Все равно, подрасте-ошь, хоть и в крике, — иного выхода нет. Но это "несправедливость" только для маленьких, а большой — примет. Один Большой уже принял и поставил Веху. Теперь принимают и маленькие...

— Когда же вы пришли к этому?

— Привела жизнь... — сказал Шеметов, и Сушкин опять почувствовал и по лицу его, и по тону, что его жизнь была страшно несчастна. — Особенно стало мне ясно за этот год участия в "круговой поруке"...

Сушкин посмотрел на Шеметова. Какое страдальческое лицо! И не мог удержаться — спросил:

— Вы очень страдаете?

— Нисколько. Это зуб у меня тоскует, — сказал он с усмешкой. — Я уже вышел из этого состояния... Страдать может тот, кто в страдании одинок... а разве мы одиноки? Ведь говорю же я вам: круговая порука... а "круг"-то этот слишком теперь велик. Жалею, скорей...

— И убиваете...

— Очень. Надо же помогать, чтобы скорей кончилась эта великая операция. Я так говорю: вы, мои организованные противники, особенно постарались для "мяса"... ну, и получай гвоздь! А моя Россия, мой бедный народ... он меньше всех виноват в этой "мясной" вакханалии... И я стараюсь, чтобы моим выпало на долю меньше гвоздей. И мой аппарат пока в этом мне не отказывает. И я гвозжу с упоением! Не с тем, про что Пушкин, кажется, говорил, — ..."есть упоение в бою у бездны мрачной на краю...". То — садизм, а я, как хирург.

88

— Да, я слышал... — сказал уже без усмешки Сушкин: — у вас и пушки имеют особенные прозвища...

— Так точно. Есть, например, Гвозди-ка... Не гвоздика, а через тире. Недурно? — с холодком в глазах усмехнулся Шеметов. — Она очень любит "играть в картечь"... Ее чуть было не прибрали к рукам, только это "чуть" очень дорого обошлось! О-очень дорого! — с особенным ударением и жуткой усмешкой сказал Шеметов. — Ну-с, вам пора поспать.

Сушкин был рад теперь, что разговор кончился; утомил его этот как будто и странный разговор. Сушкин сделал отсюда вывод, что Шеметова, пожалуй, еще более измотало, чем того капитана. И осталось в душе тревожное от его беспокойной и смутной речи и от усмешки холодных глаз, которыми он словно нашаривал в мыслях и чувствах Сушкина. Это смутно-тревожное впервые зашевелилось, когда Шеметов сказал: "и в вашей жизни, поручик, есть лик сокрытый!" И еще чувствовал Сушкин, какой все-таки обаятельный человек этот Шеметов. С ним, когда он поуспокоится и отдохнет, хорошо бы пожить друзьями, подумать и поспорить. Конечно, его идеология и неясна, и непоследовательна, но есть что-то...

III

Не приходил сон. Чтобы прогнать тревожное, Сушкин стал думать о Наташе. Перебрал в памяти все, с нею связанное, — и все, что было с ней связано, было прекрасно.

Он отбыл воинскую повинность и приехал в родной городок, чтобы приступить к жизни, как полноправный. Было обеспечено место на заводе товарищества. И в первый же день приезда такая случайная встреча! Шеметов сказал бы:

— Дело путей Скрытого Лика!

Она приехала как раз в тот же день, вызванная болезнью сестры, и осталась надолго. А теперь, может, и навсегда. С ним ее связало товарищество: муж сестры — главный директор. И опять бы сказал Шеметов:

— Какая затейливая работа!

И эта первая встреча в глухом переулке, поросшем травой, у серенького забора, за которым краснели на солнце вишни... Как чудесно все вышло! Шла навстречу высокая девушка в белом платье, в белых туфлях и в белой шляпе, а за ней Бретто, знакомый водолаз Петровых. Они столкнулись у серенького забора... Он еще подумал тогда: как хороша! И золотистые волосы, и черные брови, и удивительно яркий рот. И еще подумал: "у нас появилась волоокая Кавальери, только блондинка". И был страшно счастлив, когда спросила она, как пройти ей в аптеку... Какой чудесный день был тогда! какие сочные были за забором вишни, какое удивительно синее небо, и так хорошо звонили на белой колокольне у Троицы! И этот черный миляга-пес, Бретто...

Сушкин мысленно повторил, глядя на клеенчатый потолок вагона: "Здравствуй, Бретто!"

Их познакомила такая пустячная случайность!

Сушкин закрыл глаза и вызвал солнечный день и солнечную Наташу.

— ...Здравствуй, Бретто!

Водолаз поднял думающую морду.

— Вы его знаете? — спросила белая девушка.

Словно они сами нашли друг друга. И потом целый месяц всегда радостных дней и встреч и мгновений трепетного молчания.

"Но почему же не было сказано, что так хотелось сказать?" — повторил этот вопрос который уже раз Сушкин.

И хотя ехал теперь к Наташе и знал, что завтра будет безмерно счастлив, услышит, чего она, робкая, еще не сказала в письмах, но что он видел в ее глазах на прощанье, — было досадно. Нежданно сдвинула все война. Даже не успел познакомить Наташу с матерью.

И опять пришла мысль, которая столько раз приходила в лесах и полях, где творилось такое непохожее на жизнь дело. Сколько раз, сидя в яме наблюдательного пункта, уставив бинокль в развилке корней, Сушкин словно опомнился и спрашивал: да была ли та жизнь, или только казалось, что жизнь была, а настоящая жизнь и есть эта вот яма и проклятое "впереди", что нужно смешать с землей. И в эти минуты казалась Наташа неясной: как будто и есть она, — как будто и нет ее. Тут Сушкин вспомнил слова капитана:

— Еду к ним, а их, может быть, уже и нет... никого нет.

...Должно быть, и капитан, и я переживаем это странное чувство далекости от жизни, такой непохожей на ту, которой жили в походе.

Тут вспомнился доктор.

...А у него только призраки и остались, и он хочет отмахнуться от них, уйти. А Шеметов, — поглядел Сушкин на капитана, — этот уж совсем отмахнулся, поднялся над жизнью и судит ее огнем.

Шеметов лежал на спине, закрыв лицо локтем, и этот вид его говорил, что капитан напряженно думает. И опять Сушкину стало жалко его — его одиночество.

Поезд тормозили. Капитан внизу завозился, поглядел за шторку и торопливо сказал:

— Кажется, пряниками тут торгуют...

И пошел. Вышел и Сушкин.

IV

Станция была большая, уже в огнях. В буфете было шумно и суетно, и захотелось уйти в тишину. Сушкин пошел было на платформу и увидал капитана. Тот стоял у прилавка, где продавали пряники в пестрых коробках, и разговаривал с продавщицей. Продавщица смеялась.

— Как же, как же... — суетливо говорил капитан, передергивая лицом. — Непременно обещал привезти... Обязательно, милая барышня, выходите замуж... и сами будете покупать тоже. А не будь их — и не купил бы у вас пять фунтов...

— Обязательно выйду! — смеялась продавщица.

"И ей, должно быть, все рассказал, — подумал Сушкин. — И как Лида ходит за его курами, и как Котик перевирает слова. Милый капитан!"

Продавщица обращала внимание. Это была высокая, плотная брюнетка с молочным лицом и полными яркими губами, явно накрашенными, были подведены и глаза, и тонкие, крутыми дужками брови, и от этого глаза играли томным фальшивым блеском; волосы были в локонах, как на картинке, и показывали синевато-белый пробор, словно напоминая, какое у нее белое тело. Жеманясь, то откидывая голову назад, то склоняя к плечу, она играла глазами и ярким ртом и все закидывала на плечо рыжий, пушистый хвост лисьего меха, раздражающе яркого. А хвост словно нарочно спадал, показывая, какая у нее соблазнительно-красивая шея в родинках.

Сушкин поймал заигрывающий взгляд продавщицы.

— Не желаете ли?.. — игриво сказала она ему, поведя глазами на пряники. — Ананасные, миндальные...

Ее полные губы играли, как и глаза, как и все откинувшееся от прилавка тело, и опять упал хвост и показал шею.

— И ананасные?! — сказал, усмехнувшись, Сушкин и вспомнил Шеметова: — "вот оно, мясо-то... красивое, черт возьми!" — И пошел на платформу.

Прошел в самый конец, где было безлюдно, только у груды ящиков стоял часовой с шашкой. Морозило в ветре. Ноябрьские звезды мигали в березах. Смутно темнела тяжелая башня водокачки. Звезды и башня напомнили Сушкину один случай.

В прошлом году в эту же пору ехал он с Жуковым из дивизиона лесом. Когда кончился лес, они увидели точно такую башню, только крыша ее была разбита снарядом. И вдруг кинулась с лаем к ним черная худая собака. Это их испугало и шарахнуло лошадей, а собака прыгала к лошадиным мордам, словно просила, чтобы взяли ее с собой. Это напомнило прошлое, милого Бретто, и Сушкину до тоски захотелось тогда домой. Собаку взяли на батарею, потом ее вскоре убило. И вот теперь, перед темной башней, опять поднялось томленье. Сушкин повернул к станции, и тут на него набежал Жуков.

— Два перегона осталось мне, ваше благородие!

— Ну, валяй. К жене?

— Так точно, ваше благородие! — так же ответил Жуков, как отвечал и там, и даже в тот день, когда пришло приказание вызвать артиллеристов-охотников резать у неприятеля проволоку, в помощь пехоте.

"И ты?" — тогда удивился Сушкин, зная опасность дела, и так же Жуков ответил: "Так точно, ваше благородие!"

— Рада будет жена? — и подумал, смотря на рябое курносое добродушное лицо: "вряд ли рада".

— А кто е знает... больше году не виделись... — застенчиво сказал Жуков и оглядел сапоги.

— Ну, поезжай... — повторил Сушкин, давая денщику пять рублей. — Приедешь за мной, как сказано.

Посмотрел, как побежал Жуков, и подумал: "хорошо, когда человек спокоен. А надо бы ему беспокоиться. Дуняшка его обманывает, и он это знает". Не раз читал он безграмотному Жукову женины письма и знал, что воротили Никифора, который Дуняшке нравился и которого избил Жуков, уходя на войну. В самый тот день, когда пришло письмо о Никифоре, и пошел Жуков резать проволоку. Вспомнив, Сушкин и укорил себя: зачем затревожил человека? Поглядел на звезды и вызвал сияющие глаза.

— Наташа! чудная, ясная моя...

Увидал в палисаднике за березами светящиеся окошки, вспомнил, что так же вот светятся окна их дома, если смотреть из сада, и опять поднялось томленье — скорей бы! Жадно глотнул морозного воздуха, слыша, как нежно пахнет мерзлой березой, и пошел купить пряников.

— Сладкие?

— О-очень... — усмехнулась продавщица, играя ртом.

Сушкин дерзко взглянул в ее говорящие глаза, оглядел играющую белую шею в родинках.

— Сахар с патокой?

— Са-хар... — ответила в тон ему продавщица и поиграла шеей. — Ничего вредного нет.

— В самом деле, ничего?

— В самом деле, ничего.

— В полном смысле ничего?

— В полном смысле ничего... — смеясь, повторила продавщица, не поправляя хвоста.

— Всех награждаете пряниками... — сказал Сушкин, давая деньги. — И туда, и оттуда...

— Пряники любят все.

— Даже с патокой?

— Патока зато слаще! а сахар дорог... — опять в тон ему ответила продавщица и закинула хвост.

Сушкин пошел к вагону, но раздумал и походил еще, опять поднялось в нем неприятно тревожное, смутное. "Что такое?.. И почему такая неприятная станция?.. — спросил он себя. — Это все тот разговор..." Увидал темную башню и вернулся: как будто эта башня вызывала тревогу. Опять увидел огоньки в березах и вспомнил о матери: ждет теперь. И Наташу вызвал опять — светлую, в белом платье. "Она светлая, и от нее всегда радость... Где она — там всегда синее небо... Но отчего такая неприятная станция?"

Это все от разговора с Шеметовым: ведь до этого-то он был спокоен. Увидел в окно станции продавщицу, смеявшуюся с отвалившимся на прилавок толстым путейцем, который играл на ладони лисьим хвостом, и теперь понял, глядя на ее шею, что оставило в нем неприятно-тревожное...

Да, вот что. Это было весной на Висле, в голубом домике. Хозяйка полька приняла их очень радушно. Она была хороша собой, особенно голубые глаза с резко кинутыми бровями делали ее лицо вызывающе бойким. Даже угрюмый Крюков сказал: "номерок!" Стожин все потуплял глаза, а поручик Свобода был занят письмом к жене. Только он был захвачен очарованием молодого и свободного тела. Он хорошо заметил, что обращает внимание: это было видно и по ее играющей

94

походке, и как она подавала ему кофе, и как смотрела. Полегли спать и храпели, как кузнечные мехи. Только он не мог спать. Он лежал в боковушке один. Хозяйка тихо ходила в своей комнате рядом. И вдруг посветлело в его боковушке: в стенке оказалось окошко, а хозяйка зажгла у себя лампу. Он глянул. Хозяйка сидела перед зеркалом и причесывалась на ночь. Он жадно смотрел на ее голубой лифчик и обнаженные руки, видел пышные светлые волосы, играющие под гребнем, белую шею и задорный профиль. И постучал тихо. Хозяйка поглядела к окошку, усмехнулась глазами, словно хотела сказать — так и знала! — и привернула огонь. Он услыхал шаги и намекающий стук в окошко...

Вспомнив теперь про это, Сушкин подумал: "что бы сказала Наташа!" Но сейчас же сорвал эту неприятную мысль: "Это не из той жизни и бесследно прошло, как сон. И вовсе не от этого неприятно".

Поезд пошел. Капитан укладывал в чемодан покупку.

— Купили пряников? — спросил Сушкин.

— Как же, как же... — показал капитан встревоженное лицо.

Он быстро щелкнул замком и с болью в лице пристально посмотрел на Сушкина.

— Но это ужасно, ужасно!

— Что такое?.. — встревоженно спросил Сушкин.

— Вот теперь и не знаю... — упавшим голосом сказал капитан и крепко потер над ухом. — Я понимаю, конечно... нервы... но почему же я не получил ответа на телеграмму? Я две послал... Конечно, такая даль... письма идут больше месяца... Последнее получил тридцать семь дней назад... Тридцать семь дней! Могло все случиться...

— Капитан!

— Ах, я же понимаю... но что я поделаю с мыслями! Там я не раз видел смерть, но это страшней... — Он придвинулся к Сушкину, с болью в запавших глазах, и сжал его руку, словно просил защиты. — Потерять счастье... маленькое счастье... единственное!.. Ведь теперь все теряют, все... и там, и там! —

95

жутким шепотом говорил капитан, придавая особую выразительность слову — там. — Жизнь... так все непрочно в жизни... И странно, а я это замечал и знаю... больше "страдают маленькие, слабые и тихие люди... а мы жили так тихо... и мы не большие люди. Это жестоко! Ведь большие люди... они... широко, широко... — сделал рукой капитан, — им жизни не страшно, они хозяева жизни... и если в одном сорвется, так сколько еще всяких корней и утех! Они и жизнь подделывают... Они умеют... а маленькие люди от случайности упадут и не встанут. Как это жестоко, дорогой... Теперь маленьким людям плохо...

— Дорогой капитан... вы больны и потому так мрачно глядите. Телеграмма могла задержаться!.. У вас будет все хорошо... — сказал Сушкин, взволнованный растерянностью капитана. — Вы встретите своих и на радости... — ну, на пари давайте! — пришлете мне об этом письмо на фронт!

Это вдруг пришло в голову — успокоится капитан! И правда. Капитан весело поглядел и спросил:

— Да?! вы думаете?!

— Уверен! — решительно сказал Сушкин и подумал: как мало нужно, чтобы утешить человека. — Ну, идет?!

— Как же, как же... — торопливо сказал капитан и вынул карточку.

Сушкин взглянул: "Илларион Вадимович Грушка". И почему-то показалось ему, что с таким именем судьба не обидит человека. И даже не показалась странной пришедшая мысль, словно так именно и должно. Дал капитану и свою карточку.

— Павел Сергеевич... — прочитал капитан. — Павел Сергеич! — и грустно взглянул на Сушкина. — У меня был друг, тоже Павел Сергеич... застрелился в прошлом году...

— Застрелился?! — почему-то с удивлением спросил Сушкин.

— Да! — отрывисто сказал капитан. — Его положительно преследовала судьба. Но какой был человек! Жил в ссылке, все здоровье отдал... женился на моей племяннице... по любви...

Через месяц жена умерла. И тут начинается полоса... как в картах бывает... О, как это жестоко все...

И он еще долго рассказывал. Сушкина одолевала усталость. Он извинился и полез на койку. Посмотрел на Шеметова. Тот лежал, отвернувшись к стене. И опять показалось Сушкину, что Шеметов все думает напряженно.

Лег и сейчас же уснул. Спал крепко, без снов.

— Москва, ваше благородие! — разбудил носильщик.

Капитан Грушка козырнул на прощанье из коридора — спешил куда-то, Шеметова не было. И не знал Сушкин, когда и где он сошел.

V

И здесь не было синего неба, а он как будто и ждал его. Может быть, видел в крепком вагонном сне. Когда сел на извозчика у вокзала, досадливо посмотрел на небо и вдруг вспомнил обрывок сна — высокие белые дома, страшно яркие, в солнце, за ними и над ними синюю свободную даль и чей-то веселый и звонкий голос: "а у нас всегда солнце, что вы болтаете пустяки!.." Голос был молодой и задорный, и от этого-то задорного голоса и осталось радостное, когда разбудил носильщик. А теперь опять стало смутно, — и здесь невеселая погода. Но он подавил в себе раздражение: "Еду к Наташе!" Извозчик был очень старый, и армяк его ветхий. Плоха была и лошадка.

— Плохая же у вас погода!

— Плохая, барин... — скучно сказал извозчик.

В Москве для Сушкина не было интереса: только покупки. И он решил тут же покончить с ними, чтобы быть свободным на будущее.

Побывал в синодальной лавке и купил самое маленькое Евангелие — четыре вершковых книжечки в красной коже в портфельчике. В лавке никого не было, — "это не в спросе", —

подумал Сушкин, — но ему очень понравилось здесь: тишина, иконы на красных шкафах и тихие движения продавца. Он смотрел на книги в красных шкафах и думал: "вот великий опыт веков, добытый кровью... ведь об этом говорил Шеметов? в маленькой книжечке... а покупателей и не видно. Нет никому никакого дела до этого "опыта". Вон она, гремит жизнь..." И сейчас же забыл, какая интересная мысль напрашивалась, как только вышел на улицу: что-то о связи этой гремящей жизни с... чем? И не мог никак вспомнить. К чему тут помнить! Вон какие чудесные магазины.

Он зашел в лучший кондитерский магазин и выбрал пятифунтовую голубого шелка коробку, тонко гофрированную, со светловолосой, нежнолицей и стройной девушкой в белой шляпе на зеленом лугу в ромашках. Понравилось ему, что в этюде много света и неба.

— Только ананас в шоколаде и вишни в вине... пожалуйста!

Наташа любила ананас и вишни.

Выйдя из магазина, Сушкин увидел на углу, на той стороне, знакомое желтоватое, лицо. Шеметов?! Быстро перебежал, толкая прохожих, не думая, зачем ему нужен теперь Шеметов. Но это был офицер, грузин, напоминавший Шеметова. И стало опять досадно, что не простился.

...Да зачем, собственно, он мне нужен? Нет, с ним тяжело. Заставить бы Наташу его послушать...

И посравнил: Наташа и Шеметов! Та вся — светлое небо, а он... Но не мог подобрать сравнения. И забыл сейчас же.

До поезда оставалось около трех часов. Сушкин прошел по Кузнецкому мосту, с удовольствием звеня шпорами по асфальту, с удовольствием разглядывая свое красивое отражение в витринах, испытывая необычную радость, которая шла на него от зеркальных окон, от чистоты и комфорта, от всей этой жизни, которая казалась такой призрачной из ямы наблюдательного пункта. А она — вот она! А там... Он посмотрел на небо, чтобы представить себе, как там: окружающее было так непохоже. Так, бывало, глядел он в небо и там, чтобы вспомнить о здешнем. Небо было такое же. Но вызвать ясно не мог и подумал только: еще не кончено там.

Время было позавтракать, и Сушкин зашел в ресторан.

При виде зеркал, бронзы и хрусталя и особенно снежных, тяжело спадающих камчатными складками скатертей, его охватил детский восторг. Заходило перед глазами, и он с минуту стоял, радостно повторяя: как чудесно! Прелестны были цветы в зеленой корзине с золотом — гиацинты, сирень и ландыши. Ландыши! Он подошел и долго смотрел на них. Они были такие же, как и в том лесу, — хрупкие чашечки и бледные язычки. Он смотрел, с удовольствием слушая усыпляющий шелест, — тихий стеклянный звон, шепот и звяканье, — шепот первоклассного ресторана, давно неслышанный. Он даже сорвал цветок, не обращая внимания на присматривавшегося к нему лакея. И тот же запах... Этот запах вызвал в нем радостно-сладкое нетерпение видеть Наташу.

Он приказал подать завтрак и жадно съел все, что осторожно выспрашивал — не прикажете ли... — лакей. Закурил поданную сигару, хотя раньше никогда не курил сигар, и стал наблюдать.

...Хорошо наблюдать отсюда! — с усмешкой подумал он.

Против него сидели: лысый круглоголовый толстяк с выпуклыми глазами, и тонкая, с острыми в кружевах локотками, и очень высокой шеей дама в маленькой шляпке с эспри. Толстяк густо мазал зернистой икрой кусочки калачика и небрежно кидал в широко раскрытый рот, сладострастно выворачивая глаза. Выпятившаяся горбом тугая манишка как будто тоже жевала, жевал и галстук, и запонка-нагрудка, искрившая глазком изумруда. Жевал и сердито-жадно глядел на даму. Лица дамы Сушкин не видел. Она кушала деликатно, серебряной вилочкой, омарьи лапки: повертит на вилочке — и скушает.

"Жрут с толком, — подумал Сушкин. — Какой-нибудь банкир или поставщик, а в серебряном кувшине, конечно, вино. Интересно бы поглядеть его в яме или послать резать проволоку!"

Потом представил себе Шеметова, — в какую бы формулу уложил он этого толстяка и как бы связал с "крестом"? Все, на самом деле, гораздо проще и, пожалуй, страшней. А что бы сказал сухонький капитан? Попросил бы себе икорки... Нет, он бы Котика накормил... И ничего бы не сказал капитан. Есть деньги — и ест! Лишь бы его не трогали.

Но никак не мог представить капитана за этим столом, — серенького, с заплатанными локтями, с жалующимися на боль глазами.

...Тут все больше, которые широко умеют, которым нет никакого дела ни до каких там "ликов". Наел себе лик — и прав. И, может быть, даже по-шеметовскому "масштабу" очень нужен для каких-то там "выкладок" — для "мяса" и для "гвоздей". А пока воюет себе по-своему храбро и с толком. И он приедет сюда с Наташей... Вот Жуков никогда не приедет и Чирков...

Тут Сушкину вспомнился веселый Чирков, первый нумер, которому оторвало ноги и который все просил пристрелить. Толстяк теперь намазывал икру на кружочки свежего огурца и еще ловчей кидал в рот, запивая чем-то из чашечки. "Этому никогда не оторвут, а сам всем поотрывает", — желчно подумал Сушкин и встретился с толстяком взглядами.

...Рачьи глаза!

Толстяк даже нежно взглянул на Сушкина, подмигнул и — этого уж никак не ждал Сушкин — вежливо и будто в привет и даже заискивающе кивнул ему и будто даже чуть приподнялся. Как-то неопределенно вышло, и Сушкин не позволил себе принять привета. "Это он расчувствовался с икры и хотел бы поприветствовать армию", — подумал Сушкин и вспомнил лавочника Евсеева, которому покойный отец задолжал, и на расплату с которым Сушкин выслал за этот год около тысячи. Этот Евсеев, — как его не хватил удар! — когда отправляли солдат из города, громче других кричал — братцы родные! — и все бежал рядом и потрясал картузом: "Братцы-то — братцы, а со всех получить".

Но толстяк и на самом деле хотел что-то сделать и почему-то смутился. Это заметила и дама. Она обернулась и окинула Сушкина изучающим взглядом. Он тоже изучающе холодно

100

посмотрел на ее тронутое искусством лицо, более тонко тронутое, чем у пряничной продавщицы, и сказал бы, если бы мог сказать: "пряничками торгуешь?" И поднялось раздражение. Не для этих же и он, и капитан Грушка, и Жуков, и милый Шеметов, и все, а они, пожалуй, думают, что за них.

...Конечно, за что-то безмерно большее... Или уж лучше за маленькие счастья... Пусть лучше за маленькие, как Грушка за своего Котика и за всех маленьких. Пусть там как-нибудь уравнивается, но только не для икры, не для... Нет, брат, не для тебя... Хоть ты, пожалуй, и воображаешь... — дерзко смотря на сияющее круглое лицо толстяка, подумал Сушкин. — Хоть ты и пристегнут очень удобно ко всему этому... Но только, голубчик, это распределится... и не на Великих Весах, а...

Толстяк схлебывал что-то с ложечки.

Сушкин положил ландыш в бумажник, расплатился и вышел. Увидал с подъезда красные и белые цветы за окном, подумал: "хороши они в солнечный день!" И хотя день был не солнечный, он его вызвал: вызвал куртину маков и махровой гвоздики в саду Петровых, белую Наташу, опутавшуюся цветным серпантином, в именины сестры, одиннадцатого июля, вызвал синее небо и белую ромашку с конфетной коробки. Вошел в магазин и отдал тридцать рублей за корзинку ландышей и деревцо белой сирени.

— Только получше укутайте, мне в дорогу.

VI

Темный был городок под темным небом, и хлестало из этой тьмы мокрыми хлопьями. Клетками частых окон светились в мути корпуса фабрик. За ними было черно. Гарью и кислотой понесло от химического завода. У моста, с чернеющими полыньями, запрудили дорогу высокие подводы с хлопком, и пришлось подождать, пока они проползали в криках.

Сушкин глядел на полопавшиеся с натуги кипы, — и не грязные кипы были перед глазами, а светлое Наташино платье. Голубые глаза Наташины — вот оно, небо-то! — глядели из этой тьмы. Будто только вчера водил он ее по узким железным лестницам корпусов и восторженно говорил, как из грязного хлопка, в когтях и тисках машин, рождается светлый батист, из которого сделано ее платье...

...Столько надо сказать, что за этот год пережито! И про Шеметова, и про милого капитана... А ему еще долго ехать!

На Мироносицкой улице Сушкин велел остановиться. Высокие окна особняка, с высокими елями в палисаднике, были освещены, и в одном из них он заметил знакомый облик. Даже зазвенело в пальцах.

— Здоровы?.. Наталья Ивановна? — спросил он отворившую горничную.

— Натальи Ивановны нет... — сказала горничная, не Паша. — Они в Ташкенте теперь...

— В Таш... кенте?! — не понял Сушкин.

— Да уж с месяц уже будет, как уехали... Ольга Ивановна дома.

Не понимая, Сушкин вошел в переднюю и увидел Ольгу Ивановну. По-особенному она на него взглянула — показалось ему.

— Вы?! Вот неожиданно... — сказала она, и по этому восклицанию, и по выражению лица ее Сушкин понял: что-то случилось.

— Входите же...

Он снял шинель, путаясь с шашкой, и прошел за Ольгой Ивановной в малиновую гостиную, с чугунным литьем на столиках и камине, с кудрявым ковром, на котором по-прежнему дремал Бретто, едва видный в слабом свете из зала. Сушкина охватила мучительная тоска, когда он вошел в гостиную.

— Наталья Ивановна... в Ташкенте?!

Ольга Ивановна сказала:

— Сейчас я вам все объясню... Луша, зажгите огонь.

Сушкин сел, заставляя себя быть твердым, и ждал, пока горничная возилась с лампой. Ольга Ивановна была все та же, вялая и бескровная, "лимфа", как ее шутливо называла Наташа. Она все так же куталась в пушистый платок, и Сушкину показалось вдруг, что все это шутка, как это бывало раньше, и что она сейчас улыбнется и скажет медлительно и певуче: "ну, конечно, до-ма... где же ей быть!"

Но Ольга Ивановна с грустным лицом сказала:

— А Ната в Ташкенте... Она вышла замуж.

— Вы шутите... — и по ее лицу понял, что она не шутит.

— Вот уже скоро месяц.

Он не мог ничего сказать, он только помял ладони и оглянул комнату. Ольга Ивановна повела зябко плечами.

— Так случилось... Ната считала себя свободной... Но как вам больно!

— Да, конечно... — сказал Сушкин, ничего не соображая.

— Конечно, она знала ваше чувство... — продолжала Ольга Ивановна, словно хотела предупредить, что сейчас скажет Сушкин, — но... она не могла написать. Ведь вам и так нелегко там...

— Да, конечно... — сказал Сушкин растерянно, — но лучше бы!

— Что же делать, так уж, видно, судьба... Ей уже двадцать два года, а...

Он понял, что она хотела сказать.

— А на войне все может случиться... — сказал он с горечью. — Так... За кого же?!

— Вы его знаете... Иванов, агроном. Товарищество наше поручило ему хлопковые плантации в Ташкенте.

Наступило тягостное молчание.

— Ну... передайте вашей сестре... — сказал, подымаясь, Сушкин и не мог найти слова. — Да... так все непрочно в жизни... — повторил он неожиданно для себя слова капитана Грушки. — Зато теперь... прочно!

— Что же вы так скоро?..

— Я прямо с поезда...

Снег все хлестал мокрыми хлопьями. Опять плыли темные и светлые дома, переулки с заборами и черные деревья. "Но как же?.. — спрашивал Сушкин с болью, — но как же это могло?.." Выехали на Полевую, и тут он вспомнил, что едет к матери. Поглядел на мокрый пакет с цветами. "А это куда?"

— Погоди... — сказал он извозчику.

"Куда же это?" — старался понять он, словно это теперь было самое важное. Подумал: "маме?"

— Поезжай назад.

...Маме! Теперь можно и маме!

— Да поезжай же! — крикнул он на извозчика и даже топнул.

Они проехали несколько кварталов и опять попали на Мироносицкую, к высоким елям.

— Назад!

— Да куда же вам, барин, надо?

Сушкин взглянул на его недоумевающее лицо. Но куда же отдать? На соборе отбивали часы.

— Ступай на площадь!

Он хотел было вернуться и оставить цветы и коробку Петровым, но сейчас же и передумал. Потом ему вдруг показалось проще — поехать к мосту, где полынья, и бросить. Но и это откинул.

— Ну, вот вам и площадь, — сказал извозчик, останавливаясь у фонаря, на площади. — А теперь куда?

Сушкин не разобрал усмешки, — он уже поймал выход. Он поманил козырявшего городового.

— Есть у вас приют?

— Так точно, ваше благородие! Для беженцев приют и еще... под солдатских сирот... по Каменке, к мосту.

— Хорошо. Поезжай по Каменке, к мосту.

Они спустились к реке. На том берегу опять засветились клетки и корпуса, и Сушкин вспомнил, как они здесь жили.

...Хлопковые плантации!

Стали подыматься на Каменку. Тут потянулись пустыри, заборы и домики фабричного люда, с голыми огоньками в запотевших окошках.

— Знаю, их в евсеевском доме приючают... Евсеев-покойник городу сдал... — сказал извозчик. — Насыпано их тут... Евсеев у нас с овсу милиен нажил, только вот смерть накрыла...

Евсеевский дом был длинный, одноэтажный, темный, похожий на казарму. Глядел черными окнами, без единого огонька.

— Спать что ль поклали... свету-то не видать!

Сушкин представил себе длинный ряд темных и низких комнат с детьми и как он войдет и как покажет им эти цветы и голубую коробку, — и ему стало ясно, что и это не выход. И тут стыд и ложь. Да и спят.

— На Полевую! — сказал он извозчику: больше некуда было ехать.

VII

Теперь было ясно: здесь шла и шла обычная жизнь. А оттуда казалось другое: остановилась жизнь и следят, и смотрят восторженные глаза, и ждут. А они не ждали. Они высматривали, что им надо, и вот — нашли.

Тревожно насвистывая, Сушкин днями ходил по низеньким комнатам мимо белой сирени на столике, с бледными листьями и слабенькими кистями. Он уже пригляделся и к ландышам в белых лентах. Больно было смотреть, как мать глядит на эти цветы и так бережно ухаживает за ними. Ей никто не дарил цветов, и правда: она увидела "чудо". В ночь приезда, когда он сорвал мокрый пакет, она детски-восторженно вскрикнула:

— Какое чудо!

Шагая по комнатам, Сушкин нарочно громко вызванивал шпорами, чтобы не было так томительно тихо.

— Значит, брат теперь податной инспектор. А у Мани родилась третья девочка...

— Ей очень трудно живется. Отчего ты такой грустный, Паля?..

Он смотрел на мать, как она кротко сидит у столика, где сирень, шьет для него белье и все поглядывает на белые кисти. Все боится, что они скоро увянут. Подходил к ней и целовал нежно в поседевшую голову.

— Какая ты стала маленькая, мама...

— Да... — вздохом отвечала она.

Раз он застал, как она целовала ландыши, и увидал в ее глазах слезы.

— А вот я тебе расскажу, как я там собирал ландыши!

И он рассказал ей. Она по-особенному на него взглянула.

— Я это видела... — сказала она тихо. — Я видела... лес был темный... и ты стоял в этом лесу... и много белых цветов...

— Ты это видела?! — спросил он удивленно.

— Я тебя часто вижу...

Она притянула его к себе и поцеловала у него руку.

— Мама!.. Зачем ты плачешь?!

...Вот эти глаза ждали, следили... видели...

И все ходил и ходил, позванивая.

— А знаешь, какого я удивительного человека встретил?..

И рассказал про Шеметова.

Она слушала очень вдумчиво, а он, рассказывая, перекинулся в пасмурный день, в купе, и видел перед собой желтое худое лицо Шеметова и его думающий напряженно взгляд. Забывая, что спорил с ним, он теперь развивал все подробно и находил доводы, какие бы мог привести Шеметов.

— Понимаешь, — страдание! Принять на себя ответственность за все бывшее, кто бы его ни сделал! Тут же не маленькая правда, не мелкий расчет... Ты понимаешь? Не обычная человеческая справедливость. В жизни, мама... должна теряться наша маленькая справедливость... Жизнь огромна! Ведь это в суде только... а в жизни, как будто все пропадает и кажется нам неправдой. Сколько обижали тебя, а твои обиды и непокрыты... и для тебя никогда покрыты не будут. И это у всех, особенно у людей маленьких...

106

— Нет, — сказала она, — обиды будут покрыты... там.

— А если я не могу верить, как ты? И все же они должны быть покрыты! Не для тебя, а в мировом целом! В мировой психике, что ли, ничто не может пропасть... Ну, как объяснить тебе?! Есть непонятное нам Великое Равновесие. Оно всегда действует, но мы не видим. Но бывают в мировой жизни этапы, когда страшно много напутано, когда заносится грязью человеческая дорога... Тогда наступает видимый час Весов, час великого очищения... как в математике — упрощение... Нет, ты не можешь понять... ты мало знаешь... Чтобы жизнь могла идти к чудеснейшим вехам! к своему прекрасному Лику, мама! Он скрыт, пока, но мы его можем чуять... как по чудесному запаху можем представить чудесный цветок, которого мы никогда не увидим... Тогда проливается много крови и слез, которые должны окупить неокупленное... И мы не можем ничем их уравновесить. У нас маленькие глаза. Кто сильно страдает, тот должен найти оправдание этому... иначе не стоит жить.

— Надо верить, Паля... Я верю в Промысел.

— Но это-то и есть Закон мировой жизни! Это и есть Великое Равновесие и Величайшая Правда! Миллионы могут страдать... но вся-то жизнь ими и движется к величайшему Лику, выбиваясь в тисках. И движением окупает страдания... Вот как он думает.

— И ты тоже?

— Не знаю... — сказал он, отсчитывая шаги. — Для меня не хватает тут сознательной воли... моей воли. А я люблю мою волю! Я еще могу забыть личную жизнь, но мою волю я не могу считать каким-то штришком, который сотрется при упрощении. Пусть и меня несет в этом чудовищном вихре к прекрасным Вехам, но я хочу также творить и жить, ставить и себе цели и за них биться! Но его система... она освещает дорогу... я тоже верить хочу, чтобы мое страдание окупилось и вело к чему-то... пусть к прекрасному Лику. Наши маленькие глаза не могут видеть далеко...

Он высказывал ей — не ей, он приводил в порядок то, чем жил эти дни, встревоженный и смятенный.

В ночь приезда он написал Наташе письмо. Теперь он жалел об этом. Там он высказал только личное. А потом, пережив ночи без сна, он жалел, что не сказал ей так, как надо было сказать... Но разве она поймет! Надо пережить страшно много и видеть страшное и мучением выковать. Нет, она не поймет, у ней очень маленькие глаза.

Он подошел к сирени и вгляделся в белые крестики. Как чудесно! И в этом какое огромное, творческое и живое!

...Да, хорошо смотреть большими глазами...

А все эти дни перед ним были другие глаза. И теперь были. Стояла перед ним светлая, потерянная Наташа. Только стала она какой-то другой, которую можно только назвать Наташей, можно только в мыслях таить, а живой представить нельзя. Призрачная Наташа...

На вторую ночь по приезде он вышел в сад. Сад шел под горку, любимый отцовский сад, когда-то лелеемый. На луговинке, которую Сушкин помнил ребенком, отец насаживал березок. Над ним все смеялись — почему же не яблонь. Но он, нерасчетливый человек, тоже смеялся: "А вот будет у нас со временем, — говорил он, — чудесная березовая роща. Будут прилетать птицы. Птицы березы любят". И так вышло. Поднялись березы. Теперь они уже хорошо шумели весной, и солнце в них так нежно играло к вечеру. Тогда весь сад становился светло-розовым и прозрачным, пели малиновки и чижи, и неизвестная птичка прилетала высвистывать приход ночи. И все потом говорили: как чудесно! И вот на вторую ночь по приезде Сушкин вышел в березовую рощицу. Тучи сползли, подморозило, и загорелись звезды. Он остановился в березах и поглядел к речке. "Почему же там свет?" — удивленно подумал он. За березами далеко в поле стлался нежный голубоватый свет. Там всегда было темно, к речке, а теперь какой тихий свет! Он долго смотрел, не понимая, откуда свет. Сузил глаза, чтобы еще нежней видеть. И вдруг он увидел Наташу, несравнимо-прекрасную, которую никогда не видал раньше. Потом пропала она, но свет остался.

И не раз выходил Сушкин в березовую рощицу ночью,

чтобы увидеть свет и в этом свете несравнимо-прекрасную несбыточную Наташу. Был все тот же голубоватый свет, но не было никакой Наташи. Он напрягал всю силу воображения, но не мог вызвать даже и прежнего облика.

Теперь, вспомнив про свет, спросил:

— Да, вот что... Ночью я видел свет в поле, там... удивительно, нежный, голубоватый... Что это за свет странный?

— А это завод там теперь... готовят снаряды. Там был старый завод Скворцовых... кажется, лечильная мастерская. Косы и серпы делали.

— Ах, вот что!

Теперь он вспомнил. Далеко в поле, к речке, стояли каменные сараи без крыш — заброшенный старый завод. В детстве часто ходил он туда с мальчишками и раскапывал в мусоре звонкие куски стали. Так вот откуда голубой свет! Самый обычный свет дуговых фонарей, ослабленный березовыми стволами. "А Наташа?! — подумал он. — И ее нет другой, особенной?.. Но почему же я ее видел?"

Посмотрел на цветы.

...Если бы она могла быть такой! Но я видел ее такой! И она может быть.

Наконец, вышел из дому, побывал у знакомых. Все говорили:

— Вы, должно быть, очень устали!

Прошелся по городку. Прошел и по тихому переулку, где под белыми шапками спали вишневые деревья. Спустился к мосту. Черная полынья никогда не замерзающей речки была не черная, а бурая с синим и красным отсветом от красилен. И лед по бережкам был цветной. Сушкин поглядел на эту отравленную воду, на корпуса, тянувшиеся по бережку загаженной речки. Все то же, как всегда, — грязь, неуют и копоть. И никогда не будет уюта и чистоты. С фабрик спешила смена. И она была та же. Худые, зеленоватые лица, копоть и рвань, мутное небо и гнилые домишки по Каменке.

— Сердешные вы наши... защитники... — жалостливо сказала проходившая с тяжелым мешком баба.

Сушкин оглянулся. Оглянулась и баба, остановилась и опять пожалела:

— Родимые вы мои, родимые... Господи-Батюшка...

Покачала головой и пошла. Сушкин смотрел, как она подымалась в гору, на Каменку, придавленная мешком.

Какие-то особенно светлые, должно быть, выплаканные глаза были у этой бабы. Так и остались в памяти эти жалеющие глаза.

"Если бы хоть за них и за все это... за видимое? — подумал он о войне. — Но разве этим-то будет лучше?!"

...Уж страдать, так за это, за видимое, а не за какую-то там Справедливость, для какого-то Равновесия. Шеметов и не пустит этих к Великим Весам... там мировое взвешивают!

Вспомнил тоску шеметовских глаз и подавил усмешку.

...Нет, он-то и пустит. У него и про самоедского ребенка припасено. Вот Грушка не пустит. Грушка про маленькое, про свое больше, а он пустит. Он всех бы учел, если бы ему дали править Весами... все бы свесил и вымерил... Какой бы это был чудный смысл, если бы за все это! А не за икру, не за какие-то там давнишние непокрытые обиды... Провалились обиды... и к черту их, к черту!

— К черту! — злобно сказал Сушкин, посмотрев в грязное небо. — Как же ты посмеялась так... Наташа!

Ехали подводы с хлопком, как и ночью. Ругались на мосту возчики, не желая слезать.

Сушкин пошел по Каменке, не видя никакой цели, чтобы только убить ненужное теперь время. Дошел до евсеевского дома, особенно грузного в сереньком свете дня, ободранного и гнилого по водостокам. За вспотевшими окнами белели лица детей, ползли по стеклам маленькие руки. Сушкин вспомнил: "насыпано их тут!" Пошел к площади, зашел в бакалейную лавку Евсеева и велел завернуть пряников и конфет.

— И пошлите сиротам, на Каменку.

Вышел и увидел на углу площади молодого солдата на костыле, безногого. И дал рубль.

...Если бы во имя тебя, Наташа!

110

Но та, о которой он думал, была в его мыслях не та Наташа, не прежняя, а совсем другая, которую он хотел бы носить в себе. Где-то она была, но где?

...Но как это хорошо — делать! — сказал он себе, думая о рубле и покупке. — И это должно как-то уравновеситься и не может пройти бесследно. Да тут и реальное. Дети порадуются, и солдат порадуется...

Приехал, наконец, Жуков.

— Ну... съездил?..

— Так точно, ваше благородие! — сказал Жуков и оглядел сапоги.

Все дни, оставшиеся до отъезда, сидел Жуков на ступеньке крыльца и строгал палочки, все строгал и строгал — только летели белые стружки. И Сушкину все казалось, что Жуков не просто строгает, а отбрасывает свои мысли.

Накануне отъезда вечером Сушкин сидел в комнате матери и смотрел, как укладывает она его вещи. Она все задумывалась, все что-то отыскивала глазами, забывая и вспоминая, что еще было нужно. И опять, как и в ночь приезда, она долго держала в руке маленький портфельчик с Евангелистами.

— Нравится тебе?., я куплю... — сказал он и подумал: какое маленькое.

— Купи... — сказала она чуть слышно.

Было больно смотреть. Он ушел в темные комнаты. И отсюда был виден голубой свет. Но теперь этот свет не вызвал очарования: "куют гвозди". Тронул сирень. Она уже осыпала крестики, а ландыши уже вчера были желтые.

— Паля...

Он вошел. Мать сидела над чемоданом, низко нагнувшись. "Плачет", — подумал он, и у самого раскосились губы.

— Мама... нельзя же так!..

Она смотрела на чемодан и не могла говорить. Эту тяжелую минуту разбил резкий звонок. Принесли телеграмму. Сушкин взволнованно разорвал, думая о Наташе, не соображая, что письмо еще не могло получиться. И прочитал: "Все чудесно, капитан Грушка".

И усмехнулся: счастливый капитан!

VIII

Сушкин с Жуковым выехали с Полевой, когда все спало.

— Тихо у вас тут, ваше благородие... — сказал Жуков. — Сады...

Сушкин посмотрел в темный овраг, отделявший Полевую от городка, и вспомнил, как ел здесь сочную сныть и строил запрудки на ручейке.

— Сады... — повторил он и оглянулся.

С высоты, за оврагом, дом хорошо виден, но теперь тонул в черноте. И опять увидел Сушкин вдали тихий голубой свет.

...Мама тоже этот свет видит... На батарею попадут отсюда...

И мысленно продолжил цепь от этого тихого света туда, включил в эту цепь Жукова и себя и почувствовал радость, что не один он, а с Жуковым.

— Ты молодчина, Жуков... — восторженно сказал он и тронул за руку. — Вернемся... оставайся жить с нами...

— Я по садам понимаю... — оживился Жуков. — Можно, ваше благородие, такой сад разделать... и доход будет, и всякое удовольствие!

...Да, сады хорошо разделывать... — представилось в этой черноте Сушкину. Вишни, белые деревья... птицы березы любят... Но это все было раньше, а теперь суд идет... Кто-то кого-то судит и неизвестно за что...

— Эх, Жуков! Так ты любишь сады разделывать?

— Так точно, ваше благородие... я по садам больше.

— Ну, а с женой как?

— Жена-то в Москве оказалась... только в Москве ее не нашел. Все кварталы обошел — не нашел. А тут и срок кончился.

— Не нашел?

— Никак нет, ваше благородие... не нашел. Адрест, что ль, напутали! такой и улицы нет: Дудкина улица, дом Сапогова.

— Дудкина улица... Да, такой нет.

Поглядел на Жукова — не видно было его лица.

Выехали на Мироносицкую. Дом с высокими елями спал. Сушкин поглядел на темные окна.

...Дудкина улица... прощай!

— Ничего, Жуков... пройдет, все пройдет! это все маленькое.

— Так точно, ваше благородие... пройдет. Утрясется.

— Утрясется?! Да, это ты верно... утрясется. Вот!

Подумал — и словно поставил точку.

Все пройдет. И фабрики эти с клетками, и подлая красная вода, и гнилые домишки... все пройдет. Все промоется, продерется с песком и будет чисто и ровно. Утрясется.

Остался городок в темной низине, и пошла ровная дорога.

Пошла и пошла — полями, лесами, громыхающими мостами, снежными деревнями и городками в огнях и тьме. В сумеречных днях бежала она под серыми облаками. В ночном реве и в ветре бежала и бежала она, железная и прямая, с которой уже не свернешь, не остановишься, не подождешь попутчика. Не крикнешь, — сворачивай, там! — и не услышишь песни. Все вперед и вперед, к новому дню, который неизвестно как называется... Только струится свинцовая муть: ни утро, ни вечер, — те же серые сумерки.

И день, и еще день глядел Сушкин в струившуюся свинцовую муть, и напрасно заговаривал с ним юный безусый прапорщик. Что может он знать, этот славный румяный юноша, у которого сердце тревожно бьется, а глаза любопытны-детски? Мечтает о величественном и жутком, от чего заливает сердце? Словно на пир спешит, а там и нет никакого пира... Там Суд. Судят там эту проклятую свинцовую муть и старательно уминают в форму. И небо судят, которое манит обманчиво, и которого нет нигде. Старик плетется с салазками... И его судят, и всех, и все... И он попал в петлю со своими салазками... и деревни, и сараи в соломе... и дети... Все под огонь, в огонь! Города и леса с тихими ландышами, и башни, и храмы, на которых потемнели кресты... В огонь! Дети кричат, бегут голышами по снегу... — в огонь, все в огонь...

— Огонь! — крикнул Сушкин.

Сильный толчок от груди в голову вскинул его на койке. Он посмотрел в испуге, а лежавший против него офицер-мальчик сказал тревожно:

— Вы сейчас кричали во сне...

— Да... — сказал неопределенно Сушкин.

Мигали огоньки за окном. Проплыла темная башня. За окнами шумели ноги и голоса.

...А ведь это та самая станция, — подумал Сушкин, присматриваясь, — где пряниками торгуют...

И резко задернул шторку.

— Кажется, здесь какими-то особенными пряниками торгуют... — сказал прапорщик, заглядывая за шторку. — Не знаете?

— Знаю, как же... — с раздражением сказал Сушкин. — Тут красавица в рыжем мехе... Поглядите на красоту с хвостом.

— Как с хвостом? — недоверчиво усмехнулся прапорщик.

— А так... — усмехнулся и Сушкин. — Стоит красота и хвостом играет. Последняя красота... Там такой красоты не увидите...

— Интересно... — все еще сомневаясь, сказал прапорщик и пошел.

Странное чувство, не то беспокойство, не то тоска, но что-то неприятно-волнующее охватило сейчас же Сушкина, как только ушел прапорщик. Не хотелось идти на станцию — казалось она ему такой неприятной, вызывала воспоминания. Но он все же пошел, чтобы избыть овладевшую им тоску: быть на людях.

Все было то же, как и в тот вечер. Белые повара за окнами, козыряющие солдаты, домик в березах. И даже часовой с шашкой у груды ящиков. И опять небо в звездах. Будто нарочно: все было облачно, а теперь для этой станции — звезды!

Прошел мимо окна, в которое было видно продавщицу. Так же она стояла за прилавком и вертела шеей. Прошел, и захотелось опять взглянуть. Вернулся и посмотрел, — и вздрогнул от неожиданности: у прилавка стоял Шеметов. Смутно сознавая, что этого-то он и хотел и ждал все эти дни томленья, Сушкин быстро вошел в вокзал. Да, Шеметов. Тот стоял к прилавку спиной и как будто смотрел к дверям.

— Здравствуйте, капитан! — нервно, чеканным голосом сказал Сушкин, четко прикладывая руку и звякнув шпорой.

— Аа... — вовсе и не удивился Шеметов и пристально, что-то припоминая, всматривался. — Вы что... хворали?

— Нисколько... должно быть, устал немного... — смутился Сушкин.

— Изменились... — вдумчиво, изучая, вглядывался в него Шеметов, и Сушкин почувствовал, что Шеметов как будто знает. — Ну... ничего... окрепнете.

И потрепал по плечу. Пригляделся и Сушкин: лицо Шеметова еще больше осунулось и пожелтело.

— А я тогда и не простился с вами... — сказал он, хотя думал сказать другое.

— Помню, вы так крепко спали тогда. Но мы, очевидно, очень хотели встретиться... и встретились. Это бывает часто. Пряники покупать? Пряники добрые...

И тут увидел Сушкин, что Шеметов ест пряник.

— Да нет, не пряники... — озабоченно сказал он, занятый одной мыслью.

Продавщица улыбалась прапорщику, который все забирал коробки. Взглянула на Сушкина, узнала — и ему улыбнулась, словно хотела напомнить, как они тогда славно поговорили.

— Да что с вами такое? — спросил, пристально всматриваясь, Шеметов.

— Да ровно же ничего! Мне бы хотелось еще поговорить с вами... — взволнованно сказал Сушкин. — У вас не свободно в купе?

— Битком.

И тут Шеметов посмотрел так, что Сушкину стало ясно, что тот все знает.

— Вот что, капитан... большая просьба... мне бы хотелось быть с вами... у вас...

— Гм... — выразительно посмотрел Шеметов, словно хотел сказать: понимаю. — Охотно, если устроите. Пожалуйста. Вот тогда-то и поговорим, голубчик... Ну, отправляемся?

И Шеметов особенно крепко пожал руку. Пошли к вагонам.

— Только помните... блиндажей!

И помахал пальцем.

— Вот! — крикнул Сушкин, догоняя вагон.

Лег на койку. Тревога прошла, не было и тоски. Спокойствие безразличия явилось к нему — не жаль ничего, ни по чему не грустно. Словно замкнулось и округлилось то, что нужно было округлить и замкнуть.

И воли никакой не нужно. Что это? Или уж не осталось никакой жизни? — спросил он себя. — Пусть, все равно. Это лучше, чем мучиться. Отдаться и течь, а там как-то все взвесится и распределится. Да... утрясется. Вот. А маму жалко...

Стал забываться и услыхал жеванье. Прапорщик лежал на спине и ел пряник. Почувствовал, что на него смотрят, быстро проглотил и сказал:

— А правда, какая эффектная женщина! А глаза...

— Как небо... — подсказал Сушкин.

— Да, удивительные глаза. Не хотите ли? очень хорошие...

— Нет, спасибо. Спать, спать и спать!

Сушкин отвернулся к стене и начал считать до тысячи. Считал очень долго.

1916

ЧОРТОВ БАЛАГАН

Провожали капитана М. Сошлось человек пять, верных. Сам капитан имел вид странный, совсем не напоминавший капитана: мешок-мешком. Широченные панталоны, балахон, шапочка, туфли, — всё было из мешковины, с кострикою. Хороши были и провожавшие. Профессор был, например, в фуфайке футболиста и трусиках, а хозяйка квартиры, двоюродная сестра капитана, — в высоких сапогах и кожаной куртке. Капитан сидел в середине круглого стола и медленно попивал коньяк. К нему присматривались с уважением, и не без страха: проводы были с риском. Капитан был отчаянный, начальник бело-зеленого отряда, два года державшего в страхе Крым. Это он совершил налет на провиантские склады_ и вывез в горы четыре грузовика муки, сала и аммуниции. Это его ловили на Пушкинской двумя ротами, и он провалился как сквозь землю. Это он самый бежал с семерыми из чрезвычайки, а через два дня в центре "снял" ударом кинжала в горло охранявшего вход чекиста. И вот этот опасный человек сидел теперь совсем близко от страшного дома в проволоке и пил коньяк. Он пил, а на него поглядывали. Правда, был уже не капитан это, а "уполномоченный профсоюза шахтеров Криворожья", прибывший в С. хлопотать о санатории в Алупке. Знали, что сейчас он едет на южный берег, где его ждут с баркасом. Знали, что турецкая шхуна, привезшая рис и кофе, уже три дня болтается за горизонтом.

Профессор сидел очень неспокойно — вертелся и всё облизывал пальцы, словно сейчас обжог их. Было ему неловко: сам затеял, и разговор получился неприятный. И всем было неприятно.

— Простите... — шептал профессор, всё время озираясь, — это не значит, — примириться. Есть глубоко психологическое... Одних удержала любовь к науке, труды всей жизни... других — любовь к народу, к стране, которая должна, пусть даже контрабандно, продолжать жить духовно-культурной жизнью!

Всем уйти, способствовать духовному оголению?! Нет, иные готовы вынести миллион терзаний и унижений... но... — задохнулся профессор в шопоте и быстро облизал пальцы.

— Есть и белые вороны... — сказал капитан хмуро. — Вот пришли проводить меня, и я признателен. Не буду спорить. На прощанье хочу немножко повеселить друзей. Расскажу вам препикантную историйку.

— Он не совсем владеет собой... понимаете, сколько пережито!.. — шепнула профессору хозяйка, всё время сновавшая по окнам. — На левой руке у него капсюль с циан-кали, а в кармане граната и браунинг...

— Понимаю, понимаю... — прошептал профессор, покосившись.

— Только подумайте... — продолжала шептать хозяйка, — его фотографии расклеены на углах, а он вчера заявился в исполком, потребовал секретаря, предъявил свои "полномочия" и чуть ли не со скандалом требовал немедленного содействия, грозя телеграфировать в Москву! Потом явился в чека и представил такую ужасную бумагу, что все телефоны заиграли!.. Час тому назад заезжал сам Горлис и успокоил, что машина будет подана в 9 вечера!.. Вы же видите, что он играет со смертью!..

— Сам... Горлис!? — прошептал в ужасе профессор.

А игравший со смертью с наслаждением выпил коньяку и сказал:

— Хо-рош. Потому что — старый. А что, если нас накроют?! Тут уж и любовью к науке не защитишься. Хотя был случай, что и тут сумели. Как? Просто: выдали еще дополнительных троих! Но после сего... погуляли не больше месяца: хозяева недоверчивы! Вам, господа, я благодарен за мужество, за посильную помощь и сочувствие. И уходя, чувствую потребность высказаться. Передайте маленькое завещание. Придет время — и мы, делавшие будем судить! Знаю, для многих искусников в психологии более приятен суд истории. Эта особа чиста, как белая бумага. Принимает любое освещение. Особенно эффектны розовые тона. Кровь, например, придает ей удивительно нежный отблеск!.. За резкости пусть извинят меня. Давно привыкли проглатывать и не такие, и не от таких. И потом — все так или иначе прошли или перепрыгнули через смерть, иные пролезли под нее на брюхе, иные на карачках, на языке... Совесть не в счет. И потому можно себе позволить на прощанье быть свободным — в свободнейшей из республик. Да имейте в виду... мы здесь висим на волоске. Вы почтили меня, посылаете со мной привет на ту сторону... бежавшим и отступившим с честью... и я должен предупредить: когда я сюда входил, подозрительная фигура провожала меня до переулка. У окна не садитесь, оно должно быть свободно. У дверей тоже: необходимо поле для обстрела. Профессор, вы сели не совсем удобно... Уходите... Это особенно опасно, прямо — в лапы!..

— Позвольте... — сказал профессор, облизывая пальцы, — я только поправил стул...

— Виноват. Коньяк прекрасный. Спасибо, доктор. Выписано для умирающего коммуниста? Знаю, нельзя иначе. Как и сливочное масло, которое идет "бедным деткам", упражняющимся в ритмической гимнастике в зале, что на углу улицы Жуковского. Видал. При встрече расскажу. И чудесное варенье, по протекции секретаря исполкома, из розовой черешни! Прекрасное варенье. Горлис кушает его банками. Чья-нибудь бабушка варила! Так всё удивительно волшебно, кончая нынешним заседанием спецов по вопросам климатически-санаторного лечения. Представитель Донбасса — ткнул себя капитан в мешок, — доктор, профессор гигиены, метеоролог, делегат от железных дорог, от нарздрава... представители Правды-Истины и Правды-Справедливости. И на стене Михайловский! Помните, про Пушкина или Венеру и — топор-то! Он бы непременно схватил топор и стал бы защищать "ценности"! За его здоровье!.. К сожалению, на том свете... Редкостная фантасмагония!.. А до прибытия машины от нарздрава, которая понесет меня в Алупку, расскажу-ка я вам, друзья мои, презабавнейшую историю о... чортовом балагане!

— Это случилось в марте 21 года. Мой отряд в

восемнадцать человек держал Чатырдагский Перевал. По деревням сидели свои люди, были друзья-чабаны. Облавы на нас кончались для красных неудачно. Дороги стали не проезжи. У комиссаров пропала охота путешествовать. За три недели семнадцать махровых поехали в дальнюю дорогу. Только двое из них встретили смерть прилично. Прочие оправдывались нуждой, темнотой, обманом. Служащим наши конвойцы — чеченец Мустаф-Оглы и кубанский казак Хоменко давали по десятку плетей за расторопность, после проверки их семейного положения. Выдрал я тройку учителей, двух артистов, одного лектора и одного врача-прохвоста, который служил у всех, обзавелся домком и принял с хлебом-солью первый карательный отряд красных. Следовало бы расстрелять, конечно, но врачу — льгота. Советское отбирали. Бедноте давали хлеба и сала. Предателей вешали. Красноармейцев-болванов разоружали, разували, иногда кормили: чего со скотины спрашивать! Но казак наш всегда огревал на прощанье плетью. Если бы не наша мягкость, ни один бы интеллигент военного возраста и здоровый не ушел бы от нас живым: на борьбу не пошли, а теперь воют и ползают на брюхе! Не послушались Михайловского! А он бы им показал, как защищает ценности культуры!.. Не правда ли? Отпускали: пусть на здоровье в помойке тонут!

— И вот, однажды, дают с поста, что поднимаются две подводы, от берега, и на одной, на каких-то ящиках, едет барин, покуривает, в мягкой шляпе. Я выслал чеченца — заворотить в долину. Было пониже Перевала. Барина сняли с воза. Это была фи-гу-ра! В крылатке, поверх шубы, — шуба хорьковая, — в шляпе колоколом, в очках, толстый, огурчиком, в изящно подстриженной бородке, розовенький, с типичным лицом интеллигента. Возчик-хохол сказал, что подводы казенные, по комиссарскому приказу, а барин — что он человек ученый, профессор Самолетов. На поляне я осмотрел поклажу. Воза — до верху, имущество, обстановочка: мебель, кровати, шкафы, ящики с книгами. Допрос: кто, куда, зачем. В руках у профессора что-то тяжелое, обернутое в чехол. И я, лесной человек, по грудь черная борода, и космы, вдруг — узнаю профессора! Это был... мой профессор! Ну да, тот самый... — помните, на недавнейшем торжестве со слезами в голосе приносил благодарность премудрой и попечительной власти, разрешившей ему читать об истории итальянского Возрождения, о трубадурах во Франции, о Данте, о кватрочento и квинчento, хотя и с точки зрения марксистского подхода... То есть, тогда-то он был приват-доцентом, и, надо это сказать, бездарным, но за революцию стал профессором. Знаете, завоевания революции. Многие завоевали... Он меня не узнал, понятно, а я не нашел нужным ему представиться. Но называл я его почтительно: "господин профессор"! — "Что везете, г. профессор?" — "Имущество и свою библиотеку". — "Счастливый вы человек, г. профессор! Сколько профессоров уже израсходовано, сколько не имеют даже штанов, сколько библиотек сожжено и растаскано! Вам повезло, г. профессор. Даже пружинный матрац при вас. Получили даже казенные подводы. Что читаете, г. профессор?"

— Если бы вы видали гордое выражение розового лица и посиневшего от страха носа! Он бормотал что-то очень невнятное; про... Данте, про "Божественную Комедию", эпоху Возрождения, про стишки менестрелей, про кватрочento... Я кусал губы, чтобы не расхохотаться. Редкий идеалист! Святой идеалист! Да ведь как же?! Ничего нет, всё вытоптано, выточено, опоганено, выпотрошено, забито, вбито, дохнут с голоду, жрут человечье мясо, нельзя охватить сознанием что творится... а этот идеалист, в хорьковой шубе, с мраморным умывальником и пружинным матрацом, бредит еще о... Данте, о "Божественной Комедии", о кватрочento!.. Рядом стоит поручик Сушкин, в чахотке, бьет его лихорадка, израненый, медик, бросивший лазарет, влившийся в наш полк, оставшийся с нами до конца! Отца его, профессора медицины, комиссары расстреляли, как черносотенца. Рядом — Вася, мальчик совсем, примкнул с Ростова. Его сестер умучили постыдно, расстреляли родителей... Мой чеченец, Мустаф-Оглы, благородный, аул его стерли, и всё в нем стерли. Рядом —

семинарист Неаполитанский, мужлан со слезами, бывало, певший "Волною Морскою" и восторженно говоривший о древней русской церковной живописи, мечтавший уйти в монахи, "когда очистим". И сын другого профессора, математика, растерзанного в Одессе, сам гениальный математик, штабс-капитан с Георгием, в пещерах крымских в свободную минуту решавший проблемы Лобачевского... И милый, девица нежная, Сеничка, наш поэт, недавно забитый шомполами... И — этот идеалист-чудак, мой профессор!.. Он, бывало, старался подымать души, призывая забыть действительность. Я его сразу понял: не от мира сего?.. Говорил, бывало: "что может быть выше, господа, такого-то стиха, такой-о чпесни "Божественной Комедии"!? Или: "представляете ли вы себе, как благородная душа избранного француза находила выход в творчестве вольных трубадуров?! Рыцарь и трубадур... — чудеснейшая гармония духовной избранности!.." Правда, больше цитировал по книжке.

— Но идеалист чувствовал себя что-то не очень важно. Что понимают в искусстве лесные люди! Мы осмотрели чемоданы и ящики. Было всего достаточно. Был даже серебряный кофейный сервиз! Профессор любил фамильное. У профессора оказались даже добровольческие английские фуфайки и даже добровольческие штаны. Он получал натурой! У профессора оказался непромокаемый офицерский плащ, с английским клеймом. Профессор боялся сырости. У профессора оказалась пара пятикилограммовых жестянок с американским мясом. И сгущенное молоко, и повидло, и бисквиты... — "Откуда это у вас, г. профессор?" — "Это мне выдавал..." шопотом сообщил профессор, — и даже оглянулся! — "Осваг"! "Осведомительное Агентство добровольцев". — "Ага, вы работали и на армию, г. профессор! Читали о... Данте?" Он забормотал: — "я читал вообще... К счастью, об этом неизвестно большевикам. Два раза я выступал с лекциями о..." — "А теперь г. профессор, читаете о трубадурах?" — "Я профессор европейских литератур... Моя специальность "Эпоха Возрождения". — "И это им очень нужно? И за это вам дали две подводы, и всё ваше барахло неприкосновенно, и вы перетаскиваете его через горы, с опасностью для жизни? Вы предусмотрительны и практичны, г. профессор. Вы не забыли даже и повидла!

— Профессор похлопывал глазами. — "Что вы держите, г. профессор?" — мотнул я на завернутое в чехле. Размотали и вытащили... небольшой, зеленоватой бронзы, бюст Данте, известный, в лаврах. — "Осмотреть карманы г. профессора!" Нашли билет члена ученой коллегии наркомпросса, записную книжку. В ней — "программы текущих лекций". Помню: "Марксистский подход к Эпохе Возрождения", "Эпоха Возрождения, как яркий протест против гнета и мрака Церкви". "Искусство, как средство борьбы с религиозным суеверием", "Маркс, как выразитель духовных сил Европы". "Элементы сатиры на религию в русском народном творчестве"...

— "Вы удивительно восприимчивы, г. профессор! — сказал я, прочитав тезисы. — И Маркс, и — Данте?!" Полагая, очевидно, что перед ним лесной человек, профессор пробовал изворачиваться и нес невыразимую чепуху. — "Вам дали хорошую квартиру за... Данте? за ваш "подход"? — "Но я подхожу критически..." — лепетал он, — "мы поддерживаем культуру, храним неумирающий огонь искусства..." — "Изворачиваться, г. профессор? Наука и искусство а-политичны, и потому вы им служите? то есть, несчастному, темному народу?! Нельзя же его оставить без "Божественной Комедии" и прочего? Как нельзя лишить его и театра, этого святого искусства, которое всегда а-политично! И потому вы возите повидло, английские штаны, бычье мясо, пружинный матрац, Данте... Вдохновенно же вы, должно быть, читаете о Данте, г. профессор! Желал бы я вас послушать! Кушаете повидло и цитируете из Данте? Ну, а вдруг покровители вам прикажут... наплевать на Данте?!" Профессор передвинул очки и заморгал, как обезьяна. Наплевать на... Данте?! — "Запротестовали бы?" — "Но я не могу и вообразить подобное!" — прошептал он. — "А если бы?! Ведь вот же, наплевали они в человеческие души, оскверняют храмы, издеваются над святым

123

народа... убивают святителей... Почему бы им с Данте-то церемониться? Как вы полагаете... обожаемый Данте стал бы скверниться с ними? перекроил бы для них свою "Божественную Комедию" в... "Чортов Балаган"?! Отвечайте-ка, г. профессор!" — "Но это... трудно вообразить..." — хотел увильнуть профессор. — "А вы понатужьтесь и вообразите"! Он молчал.

— "Вскрыть сундуки"! Оказались книги. Много ихних: профессор переучивался плясать по-новому. Портреты "вождей", в рамках. — "Произведения искусства, г. профессор? из... "кватрочентов"? Профессор глядел в землю. — "Г. профессор!.." — и тут я почувствовал в себе "железо". Я мысленно охватил светлое когда-то море наше, — культуру нашу, — превращаемое в помойку, цвет народа, заплясавший под свист и кнут, применившийся и оподляющийся, пожалевший растаться с повидлом и штанами... и сказал: — "стрелять умеете?" — Никогда не стрелял..." — "Ну, плевать-то умеете, конечно?". Профессор смотрел недоумевая. — "Хоменко!" — сказал я нашему казаку, — "дай-ка мне... нет, возьми-ка эту штучку зеленую", — показал я на бюстик Данте, — "поставь на камень!". Хоменко, ухмыляясь, поставил Данте. — "Г. профессор! Способны вы умереть за Данте или продадите его за глоток повидла?" Профессор стоял столбом. — "Плюньте ему в лицо!.. Не можете?! Плюнули же в лицо... России!?! на всё святое!? Почему не плюнуть на... этого?!" — "Зачем вы... издеваетесь надо мной!" — вырвалось с мукой у профессора. — "А им... говорите — "зачем издеваетесь надо мной"!? Громко говорите, г. профессор? Ну, плюйте! Думаете, лесной человек не знает Данте? Я знаю и потому предлагаю вам: плюньте! Когда этому казаку Хоменке приказали плюнуть на его Данте, он не плюнул. А когда увидал, что плюнули, он взял винтовку и бросил свое повидло со штанами. Вы не пошли от своего... Данте. Значит, вы его свято чтите, без него вам нельзя. Без него — смерть. Ну... так — плюньте!" Профессор смотрел дико. — "Я даю вам сроку... пять секунд! Вдумайтесь. Если по пятой не плюнете... Хоменко!" — и сказал я тем голосом, который у меня знал Хоменко, — "возьмешь на прицел г. профессора! По

124

пятому счету, если он не плюнет в эту штуку, — в этот ученый лоб!" — "Так точно!" — оказал Хоменко, вскидывая винтовку. — "Подымите повыше вашу шляпу, г. профессор!" С профессора пот покатился градом. — "Вы... шутите?.." — умоляюще хрипнул он. — "А вот, поглядите на Хоменко!" Он поглядел — до ужаса Хоменко целил в пяти шагах, каменный, как всегда. — "Профессор, помните... мы вне жизни. "Божественная Комедия" кончилась, и теперь — "Чортов Балаган". Вы в нем играете образцово, и за эту игру платят вам вашей шкурой. Ну-с... полагаю, что плюнете! Хоменко, по пятому счету — в лоб! Повторять не буду. Начинаю... Раз, два, три..."

— Профессор на третьем плюнул. — "На всё, ведь, плюнули, г. профессор! С Данте чего же церемониться!? А теперь возьмите его в ручки и ступайте за мной, сюда". Он взял Данте и пошел, шатаясь. Мы подошли к обрыву. Долина синела мутно. — "Швырните его, г. профессор! Там ему поспокойнее будет. А то всюду таскаете с повидлом. Пора старичку и успокоиться. Ну, давайте!" Профессор кинул. Чокнуло по камням. — "А теперь — можете продолжать. Стойте, снимите сапоги. Сапоги краденые. Довольно с вас умывальника и матраца. Расскажите коллегам о представлении!"

Босой, он ловко вскарабкался на свои ящики. Пошли подводы на дорогу. Наши хохотали до упаду. Хоменко сказал: "А лихо вы его в Маркса плюнуть заставили!".

— А вы застрелили бы его? — спросил профессор.

— Не пришлось бы! — сказал капитан резко. — Потому что они, оставшиеся своею волею, плюнули бы во всё. Да уж и плюнули. Не пришлось бы. Они по третьему счету плюнут... дело обычное. Хоть и объясняются в любви, но плюют исполнительно. Ну, а теперь пора... Вон и машина, слышите?

Слышался шум машины. Капитан выпил остальное.

Забрал мешок и, кивнув, вышел в парадное. Было слышно, как он выговаривал шоферу, почему так долго.

Оставшиеся сумрачно пошептались, посидели — и разошлись по своим углам.

ПАНОРАМА

Ливень не прекращался, а предстояло четыре версты тяжелого подъема. Прикрывавший меня мешок набух от дождя, давил. Лепешка совсем раскисла, и я проглотил ее, как грязную замазку. Я напрасно спускался к морю, в этот ноябрьский ливень: не нашел я Семена Лычки. Не было никакого Лычки, а был Дычка, который, правда, нашивал письма за горы, проходил через все заставы, но его схватили и побили. Плохо теперь тем людям, которые посылали письма: и на свете, пожалуй нет. Нет и Степана Дычки, доброго человека, который "всякие розы умел ухаживать" у профессора Чернобабина: закопали его в клумбе, под его розами. Плачут теперь над ним голые штамбики на дожде. И виноградных выжимок не нашел. Заглянул в пустые чаны лиловые, — шибануло из них угаром. Вышел под ливень сумрачный винодел в рогоже, махнул рукой:

— Были от особого отдела, черти... погнали баб, влезли в чаны и на жмых сделали. — "После нашего не поешь, а то с вашего жмыху дохнут!" — Наклали и повезли, курей кормить, говорят, начальнику. А сами шапками на базаре продавали, на котлеты. Тьфу!..

С моря валил туман. Я потащился галькой, под выплесками прибоя. Воняло прелью. Я нашел "морского кота", раздутого; по синеватому его брюху кишели черви. Меня охватила слабость. Вспомнился ограбленный прокурор, бежавший куда-то жаловаться. Он говорил, что у Варшева есть корова... Вспомнилась "Панорама", прекрасная дача Варшева: с нее открывалась панорама холмов и моря: море синело чашей, сверкало парусами; по уступам чернели кипарисы, белели дачи, пышно сползали виноградники; когда высыпали звезды — проплывали недвижно пароходы, сияли, гасли; тусклое пятно месяца мерцало в море, струилось чешуею.

Я нашел варшевскую балку, забитую туманом; брел по садам диканки и синапа, теперь пустынным. Смутные тополя

126

показывали дачу. Я нашел белую дощечку, с латинской прописью золотцем — Panorama; часто читали — Рапочата, — татарское? В черном окне белелось. Я прошел по гремучей гальке. Чья-то рука схватила с окна кувшин с молоком, хрустальный, — оно-то и белелось. На парадном была записка: "стучите, звонок не действует". Открыла Варшева, худая, стриженая старуха, в подоткнутой грязной юбке, — и меня задушило зловоние, даже отшатнулся.

— Корова у нас, — показала на дверь старуха, — пришлось поставить. Из сарая чуть-было не свели.

Теперь я понял, почему так ужасно пахло. Я извинился: зашел только на минутку, передохнуть. Варшева поглядела ласковей, справилась даже о здоровьи и приоткрыла дверь — в кабинет.

— До чего дожили!..

Величественный когда-то кабинет Варшева был совершенно преображен.

Великолепнейшее окно-фонарь, из которого открывалась панорама, было наглухо заколочено. Ни портьер темного бархата, ни чудесной библиотеки по всем стенам, ни огромного письменного стола, загруженного ворохами журналов, газет и книг, ни коллекции "редкостных фотографий" на черном бархате, ни сурового бронзового Брута... Но висели еще портреты в рамах, чуть приметные в полутьме. Я нашел Михайловского, Чернышевского в красном плюше, чей-то еще, с залысиной. На месте письменного стола, под Чернышевским, стояла железная ванна с сеном. Но первое, что ударило по глазам, что закрыло весь кабинет своим широченным задом, была исполинская пегая корова. Она тянула из ванны сено и покачивала хвостом. Заслышав шаги, она завернула морду и тяжело вздохнула, отрыгая. Пол, уже без ковра, был весь тяжело заляпан, и всюду текли потеки.

— Вот, — как-бы извиняясь, прошамкала старуха, отбрасывая с лица грязно-седые волосы, — чорт знает что!.. Одна не справлюсь, Михаил слег, с почками у него... Просила соседа-сторожа сходить за доктором... — как облагодетельствовали негодяя, воровал у нас виноград пудами... — и за такой пустяк потребовал десять бутылок молока! Эта корова только одно мученье. Все выпрашивают завидуют... И интеллигенты тоже, знаете... а-а!..

Я стоял, потрясенный. Вдумчивый Михайловский, живописнейший Чернышевский, коровий зад, этот зловонный воздух... — не сон! Корова жевала вдумчиво, хвост ее изогнулся...

— Чорт знает... — сплюнула Варшева, зажгла смятую папироску и жадно затянулась уголком рта. — Всю жизнь жили одной мечтой, работой для народа... шли на жертвы, Михаил надорвал здоровье... и — вот!.. Пройдемте к нему, будет рад. Не с кем ему и поговорить теперь, мысленно освежиться...

Варшев очень любил поговорить.

Совсем молодым, имея большие связи, попал в директора училищ в одной из южных губерний и там женился на дочери генерала. Она была пожилая и некрасивая, но он увлекся ее радикализмом, ее перепиской с Шелгуновым, ее вегетарианством и жаждой служить народу. У ней были обширные виноградники в Крыму. Он бросил службу и перешел на земство. Виноградники они разбили на участки и распродали людям избранным, больше профессорам, а для себя сохранили трудовую норму — "золотую долинку" с "Панорамой". Здесь давались концерты, читали наезжие писатели, и устраивались вечеринки совсем интимные, когда таинственно заявлялся из-заграницы некто. Перед первыми выборами в Думу Варшев выпустил острую брошюрку — "Освобождение от земли" — и хоть не попал в Думу, но прогремел речью на педагогических земских курсах. Курсы закрыли, арестовали десяток учителей, а Варшева вызвали в Петербург. Он принужден был расстаться с земством и окончательно прогремев, засел за солидный труд — "Социальные предпосылки будущего". Тут его и застала революция. Друзья предлагали ему пост губернского комиссара просвещения, но он отклонил и потребовал пост ответственный. Но ответственные были уже расписаны. Оскорбленный в заветных чувствах, он засел прочно в "Панораме" и издал боевой памфлет — "Социальные предпосылки полезной личности". Веря, что пролетариат оценит, он дождался большевиков. Ему предложили в уезде "библиотечный фронт", и он уже начал пробовать, но кто-то донес, что свою библиотеку он не тронул, и его потащили на расправу. Благодаря знакомствам, его только выругали и выгнали, отнявши паек в полфунта и библиотеку. Пригрозили отнять и "Панораму", но он приписался к какой-то комиссии "по охране документов революции" и принес в дар коллекцию редких фотографий на черном бархате. И всё же ему грозили, что отберут.

— О-о... — застонал он, узнав меня, и плавным движением руки показал на себя, простертого пухлой горкой под плюшевым одеялом, с полосками под тигра. — Поруган, ограблен, разбит физически и морально... — и за что?! Вот итог нашей жизни, сознательной и творящей личности. Горе побежденным!..

Он откинул на свежую подушку цыганскую свою голову, приставленную к широченным плечам без шеи, и поседевшие его кудри разметались. Он лежал на дорогой кровати с шарами по уголкам, в сорочке тонкого полотна, на которой резко чернелась широкая борода, жесткая, как из проволок. Под бородой у него лежала книга, заложенная бумажками.

— Так, пустяки... итоги "излишеств молодости", — сказал он на мой вопрос. — Если бы умереть тогда, в лучезарные мартовские дни, когда!.. Чем жить? за-чем жить?! И еще проклятые эти приступы, возня с этим гнусным инструментиком, — показал он тонкую трубочку, — а они всё прогадили, и даже в чудесной нашей земской, былой, аптеке нельзя достать катэтра! Хорошо, еще был у меня в запасе!.. Доктора не дождешься, по лечебнику уж, — показал он на книгу под бородой, — кукурузными усиками, укропцем... Очень желтоват, а? отеки?.. — спрашивал он тревожно, щупая себя за щеки. — У, какой лимон... — испуганно прошептал он, заглянув в зеркальце. — Софи, что же ты мне отвару? Такое подлое время — и болеть! Софи, погляди ноги... как? Я чувствую, как меня что-то наливает...

— Гораздо меньше, — сказала Варшева, отвернув одеяло и ощупав.

— Только не золоти пилюль, прошу тебя! — вскрикнул он в раздражении, стараясь увидеть ноги. — Ну, как же "меньше", когда больше?! Это всё результат завалов, от однообразия молочной пищи... Пошли за каломелью, прошу. Ну, дай этому негодяю еще десять бутылок, пусть его лопнет, чорт... но не могу же я... погибать! И ливень еще... Доктор один, народ гибнет от голода... О, какая мука сознавать в себе еще неисчерпанные силы — и!.. Народ... которому мы, соль земли, отдавали жертвенно всего себя, за кого так страдали... и вот, и он, и мы — у разбитого корыта! Власть упала к нашим ногам, как созревший плод, и... так пошло кончить! так бездарно!.. Причины?.. Они до того очевидны... Софи... кажется, стучат?.. Не доктор ли.

— Корова переступает! — крикнула с сердцем Варшева, и раздался свирепый рев, даже задребезжали стекла.

— А!.. — шлепнул Варшев по одеялу, — дожить до... ко-оро-вника в кабинете! Всё сошлось, чтобы больней добить, морально раздавить. Уже две недели мои уши гудят от этого ужасного рева, от этого — мементо мори! О, пытка!.. Но она дает молоко, а без молока мне гибель. И мы ее холим, достаем ей сена, выменивая последнее. Бедлам! Когда я решал вопрос, где же ее держать, чтобы не свели, сердце облилось кровью, когда я пришел к страшному выводу, что единственно — только в кабинете! Столовая рядом, меня и так душит зловонием, а кабинет всё-таки подальше... другие комнаты неудобны для нее, узки, а она у нас, как дьявол!.. Да и к чему, в сущности, кабинет, если его уж и нет? Всё ограблено: мой стол, за которым столько выстрадано, продумано бессонными ночами... библиотека с униками, два письма Чернышевского из ссылки, еще неопубликованных, очень важных... Писарев с автографом... мой "Брут", — я привез его из Фло-ренции, — он

130

выговорил мягко: "Фло-рен-сии", — и старшно боялся, что его будут потрошить, так как в нем были письма одного из боевиков и масса "литературы"... — наконец, мои рукописи, итог всей моей трудовой жизни!.. Только мы, мы, писатели, можем понять, что такое ру-ко-писи, письменный стол, ка-би-нет. И я ввел ее. Уже не было сил убирать портреты когда-то чтимых. Не всё ли равно? И я ввел ее. Реви, мычи, гадь, жуй свою жвачку, зверь... самый тупой, самый сонный, ка-ро-ва!.. — выкрикнул он с каким-то свирепым наслаждением, — а вы, вы "властители дум и поколений", взирайте, как Митрофанушки наши всё обратили в навоз, в коровье стойло, в... — удушливо хрипнул он, налившись желто-багровой кровью.

— Михаи-ил!.. — окликнула его Варшева из другой комнаты, — вредно тебе так волноваться.

— Лучше яду, стрихнину какого-нибудь, чтобы только не... Что за пытка! — изнеможенно, уже детским каким-то голосом простонал Варшев, прикрывая глаза рукой.

Стало тихо, шуршал за окошком ливень. Сурово глядел со стены Толстой, напоминая прошлое. Должно быть я задремал от слабости — и вздрогнул: Варшев стукнул по столику.

— Помните?.. — крикнул он, — в "Истории рационализма" Лекки есть замечательное место?.. Да заткни же ей глотку, этой гнусной трубе... архангела!! — подскочил на кровати Варшев, — она мне мешает мыслить!.. Что это я хотел... Да, у Шелгунова, в одном из его писем ко мне, есть удивительно верная идея, точно квалифицирующая соотношение сил мысли и инстинкта. Если, с одной стороны, мысль, — надо разуметь интеллект, личность деятеля сознательного, — есть продукт... О-о-о... — вдруг застонал он жалобно, — как иглы в почках, невыносимо... о-о... Софи, дай мне еще хоть подлого этого пойла из усиков... ччоррт!.. В моем памфлете я цитирую Шатобриана, из его "Гений и Христианство"... — "Царство сильного Хама станет венцом культуры!" Вот, и Шатобриан, и я... мы согласно проводили мысль... Я писал, предостерегал, но наши верходумы и Митрофанушки, так самоуверенно схватившие "фрукт"... что говорить! С Михайловским мы несколько разошлись, я и ему доказывал... и он, если помните, — и это как раз после нашей с ним встречи в Петербурге!.. — он обмолвился словечком о Венере Милосской и мужике с топором? Мои предчувствия, мои "темные линии психики масс" блестяще подтвердились! Я удовлетворен. Я мучаюсь, но я у-до-вле-творен! Нет, кажется, опять лихорадит. Софи, дай градусник. Уж извините, неприятная операция... но подмышку ставить не рискую, боюсь раздавить, а термометров больше нет. Да, я удовлетворен. Софи, убери ты от меня эту ватрушку... от нее у меня завалы. Дай лучше простокваши, — после!..

Костлявая рука Варшевой быстро сняла со столика блюдечко с недоеденной ватрушкой. Варшев повел дремучими бровями, из-под которых остро блеснули его глаза, черные, как кусочки антрацита. Крепкая борода его встряхнулась, словно хлестнула прутьями.

— Так, прогноить, все! Я взывал: "помните аграрный вопрос, на нем будет дан бой"! Тщетно. Я подавал пример, продал задешево мужикам саратовское имение... и если бы эхо моих проектов... только э-хо! — отозвалось в Государственной Думе... — Он вынул из-под себя градусник, — 37 и четыре... не угодно ли! Стучат, кажется... нет? Полвека трудов, исканий, самоограничений... Провел ряд педагогических курсов, выпустил сотни образцовых тружеников на ниве народной, в душу которых заронил этот неусыпающий протест против царящего зла, — и вот, заушаемые, ограбленные... О, как нас обманули эти "верхоплавки"!..

— Выпей валерьянки, — подала рюмку Варшева. — Ты поправишься и завершишь свой капитальный труд...

— "Опорные точки массовой психологии"?.. Но, стоит ли? Впрочем, если за мной пойдет молодежь, самое ценное, что еще осталось от России, тогда стоит поработать. Мы, люди мысли и чуткой совести, соль земли... мы должны помнить о нашем долге, о нашем "стоянии на столпе", — даже в этих звериных условиях. Но в таком случае, пусть же дадут нам хотя бы минимум существования! А они хотят отнять даже "Панораму", выкинуть нас на улицу! Народу я готов отдать последние силы, как отдавал полвека, но пусть, пусть, пусть... У меня гаснет голос?..

— Ты всё воображаешь, — сказала Варшева, торопливо вытаскивая из-под столика тарелку с комком сливочного масла. — Он — обратилась она ко мне, — мучается чужими муками, как всегда. Каждый день к нам ходят голодные, — как он волнуется! Но мы уже бессильны. Мы даем лекарства, чего-нибудь... старые газеты, которые они выменивают, кажется...

— Сейчас бы организовать питательные пункты, развить широкую пропаганду, будить общество, бить в набат! Помню, со Львом Николаевичем, с Владимиром Галактионычем... как мы работали! как горели святым огнем! в нас билось всемировое сердце. А теперь, чем жить?! Как ночь — ждем бандитов, обысков. Оружия нет, да если бы и было... ну, как я стану стрелять в человека! Я принципиально не могу убить! Пусть уж лучше меня убьют. Я прошу только одного: дайте мне покоя! дайте мне незаметно существовать, думать, мыслить, понять этот катаклизм, найти смысл! дайте же мне завершить мой труд, мои "Опорные точки!".. Вы, кажется, очень устали?..

— Да, ходил по одному делу. Да, прокурора я встретил... высокий, в пенснэ? Его ограбили этой ночью, бежал жаловаться, требовать "права"...

— Аркадий Николаич! — иронически усмехнулся Варшев. — Чудак... Да его там сейчас же арестуют! О нем забыли, и я ему советовал не появляться в городе. Что у него могли ограбить? Они давно нищие, всё у них выбрали обысками. Берут у нас, по знакомству, молоко детям... кажется, больше двухсот бутылок забрали! Да, вот интересный случай видеть, как это подействовало на сравнительно высокоразвитой интеллект! Он уже совершенно утратил даже первичное чувство... как это... такта, что ли! Каждый вечер он приходит и сидит, сидит, сидит... Пора спать, а он всё сидит, сидит, мнется, ждет... Мы поняли в чем дело. Когда надо скорей от него отделаться, иначе он заговорит своим "правом", Софи подает ему стакан молока, он жадно выпивает и сейчас же уходит. За человека страшно!.. Ну, скажи прямо... но эта мелкая "хитрость" приводит меня в бешенство! Зачем так унижать себя?! Мы должны гордо встречать эти гнусные удары... Что, не доктор?..

Под окном зашуршало гравием, и пробежала какая-то фигура.

— Она!.. — крикнула Варшева, заглянув в окно. — За молоком. Надо как-нибудь дать понять!.. Говорили всё о каком-то долге, который им должны прислать... — всё сказки! — сказала она сердито и пошла отпереть.

В передней послышался задыхающийся, истерический голос.

— Да что такое у вас? идите, рассказывайте скорей, Лидия Аркадьевна! — оживился Варшев, одергивая одеяло. — Правда, ограбили вас?..

В комнату вбежала стройная, красивая брюнетка, с матово-бледным, "итальянским" лицом, тонким, но как бы закаменевшим. Мокрая шаль, белыми букетами по золотому полю, волочилась за ней с плеча. На ногах у ней были ночные красные туфли-шлепанки, ситцевый капот был на груди расстегнут, прекрасные ее волосы рассыпались по плечам и груди. Прижимая к себе, у сердца, зеленый кувшинчик, она стала однотонно выкрикивать, каким-то деревянным голосом, в одну точку на потолке:

— Мы погибли... моих малюток... Лидусю и Марочку стукали головками... требовали золота... папу били... мамочку, больную... сдернули с постели... и всё, всё... мое бриллиантовое колье, все наши империалы, золотые часы, все бумаги... кольца, серьги, папин золотой портсигар...

— Да что-о вы?! — привстал на постели Варшев, — и на много?..

Варшева спешно закуривала смятую папиросу, руки у нее дрожали.

— Ах, не знаю... всё, всё... — выкрикивала молодая женщина в какую-то одинокую точку в мыслях, прижимая кувшинчик к сердцу, — сбережения всей жизни, что удалось спрятать... Папа пошел жаловаться... Как они стукали головками!.. Я целовала им руки, ноги... не убивайте, возьмите всё... ужас, ужас, ужас... Дети голодные, просят молока... папа пропал с утра... я ничего не вижу, как... куда...

— Ка-ак?!. — не своим голосом крикнула Варшева. Это "ка-ак" выкрикнули оба, Варшев и Варшева, и потом их слова перемешались:

— Ка-ак?! Такое было у вас богатство, такие миллионы!.. И вы, вы... притворялись нищими... так таились.., Аркадий Николаевич приходил к нам, сидел и ждал, чтобы ему предложили стакан молока... каждый вечер... и вы имели такое богатство... и вы, вы, вы...

Я не помню, кто и какие слова кричал. Помню, как Варшева тыкала в воздух папироской, которая у ней сломалась, и ее грязносерые волосы прыгали по ее морщинам; как Варшев, откинув одеяло, с мохнатой грудью, видной из-за рубашки, тряс бородой-метлой, как дремучие его брови угрожающе двигались, а антрацитовые глаза сверлили. Помню окаменевшее лицо молодой женщины, ужас, на нем застывший. Она пятилась, выставив перед собой кувшинчик, словно хотела защититься.

— Что... что... что... — не то спрашивала она, не то просто произносила попавшееся ей слово, и вдруг, что-то поняв, неистово вскрикнула и кинулась вон из комнаты. Я видел, как мелькнула она в окне, размахивая кувшинчиком, и как волоклась за ней мокрая шаль с букетами.

— А-а-а... а-а-а?!.. — задыхался Варшев, натаскивая к себе с полу одеяла — Так, так низко... Так пасть... Я положительно не могу придти... — удушливо шептал он, смотря на меня опешенно и всё натягивая тяжелое одеяло. — О-о-о... — выдохнул он, изнемогая. — Софи, куда же ты ушла... дай нам сюда чаю и приди... я никак не могу...

Старуха гремела чем-то. Я отказался от чаю и убежал под ливнем. Сразу за мной пропала "Панорама" — туман проглотил ее. Он становился гуще и холодней. Не было ничего, нигде: туман — и в тумане шорох. И бывшее стало сном.

Август, 1928 г.

135

ТУМАН

Я спускался с нагорий к морю. Зачем? За виноградным жмыхом — за нашим хлебом. И еще за чем-то. На виноградниках, под Кастелью, у Голубевской дачи, оставался еще огромный чан с синеватыми выжимками, от которых шибало перегаром. В них позволяли рыться, выискивать комья посытнее.

Винодел обнадеживал с усмешкой:

— Если с ученой точки, то процентика два белков обязательно найти можно, а в зернышках и жиров несколько найдется. Но только вот несваримая оболочка для млекопитающего желудка. И вот куры, ну, до чего жиреют с этого самого жмыху! Растирайте камнями и варите, и будет некоторая питательность. Как говорится, последний научный крик.

Я спускался с мешком, в рваной германской куртке, прикрываясь мешком от ливня. Под тряпками, на груди, хранилось письмо — за горы. За горы не пускали. Прибыл товарищ Месяц-Райский с какой-то "тройкой" — "искоренять бандитов". На всех дорогах поставили заставы, к Перевалу. Приказ угрожал расстрелом за самовольный выезд, за неявку на регистрацию, — которую по счету? — и все прижались. Искали офицеров, полицейских, судейских, фабрикантов — всех, убежавших когда-то в Крым, ныне — в Крыму застрявших, "заклятых врагов народа". Товарищ Месяц шырял по дачам, выхватывал и угонял на Ялту, где суд короткий. Кто отважится пронести письмо? Называли какого-то Семена Лычку, с дачи "Эльмаз", профессора Чернобабина, — под Кастелью где-то. Брал пустяки — рубаху. Не было у меня рубахи, и нес я ему подметки, оставшуюся редкость. Нес и тревожно думал: да возьмет ли он кожу? и как я его найду, неведомого Лычку, в просторах под Кастелью? и кто я ему, Семену Лычке, что доставит он мое письмо? Возьмет — и бросит. И как он туда пробьется, за Перевал, в такую непогоду?..

Погода была ужасная: конец ноября, дожди. С Бабугана сползали тучи, полные киселя-тумана, разверзавшиеся в долине ливнем. Рваные клочья их дымно тащились по деревням, мутью сплывали с камня. За ними громыхало приглушенно странным каким-то громом, удушливым и теплым-тяжким. Молний не видно было. С моря, с теплой еще воды, тянуло давящим паром, густым туманом, с редкими пятнами провалов, в которых мерцало чернью. Не было ни земли, ни неба; а между ними, где-то, плавали-колыхались глыбы, громады камня, потерявшие всякий вес, таявшие в тумане смутно, — темные льды воздушные, — не по земному странно.

Я скатывался с горок на дощечках, — на деревянных сандалиях, скользя по умершей травке, по склизкому шиферу, по глине, схватываясь за сучья граба. Всё налилось водою, — рытвины, тропы, ямы, — плескало, скрежетало. С отвесов неслись потоки, срывались водопадцы. В балках, заваленных туманом, шумели камни. Море ворчало, под туманом. Трудно было дышать: давило паром. Я шел и думал: так же, должно быть, было и при начале мира, — туман и грохот, и Дух над бездной. Та же и ныне бездна, а над нею — товарищ Месяц, с винтовками, шныряет. Начало, конец... хаос.

Подкрадывались мысли: да что же это? Но я отгонял привычно: нельзя, не думай. Беги и гляди в туман. Направо, налево, — балки, крутым обрывом, не соскользни. Помни: узкий хребет, из шифера. Беги и слушай: и плеск, и грохот.

Вот, наконец, и море. Слышно глухое рокотанье. Какой туман! где же моя дорога?..

А вот она: совсем незнакомая, строится. Где же дачи за кипарисами, на холмах? Всё — туман. Бежит подо мной дорога, скрежещут камни. Шумит из туманных балок. А где поворот на дачу профессора Чернобабина, к Семену Лычке? За "Профессорским Уголком", к Кастели. А где — не видно. И "Черновских Камней" не видно.

Шумит впереди, в тумане. Прорвали промоины дорогу? Берег реки у ног! Никогда ее не было, теперь — есть; сбило потоком мостик. Я ныряю по рытвинам, прыгаю по камням в прорывах. Прет на меня коряжина рогами, плывет из тумана дерево, цепляет. Сесть на него, и — в море. Несите, волны, в неведомое царство, в сказку!

> Туча по небу идет,
> Бочка по морю плывет...

Туман и грохот.

На новой реке — остров. Я прыгаю на остров. Виден другой в тумане. Всматриваюсь в туман: чернеет высокая фигура! Сгинула — и опять чернеет. С черными крыльями, человек!? Вижу, как взмахивают крылья. Носящийся Дух Хаоса? Бухает по воде, ко мне...

— Господи... где земля?!. — слышу я голос человека.

— Идите сюда... на камни, на островок!..

Человек машет крыльями. Вскакивает ко мне, размахивая пледом. Мы теснимся на островке, молчим. Нас поливает ливнем. Он дышит свистом. Дрожит, — чувствую я плечом.

— Туман, кошмар... не вижу, куда идти. Скажите, дорога это?.. Была дорога!.. Ничего не вижу... а надо версты четыре в город. Экстренное дело... кошмар! Вы... постоянный, здешний? Ну, да... сразу, по голосу. Теперь по голосу отличишь. Трудно дышать, пары... и астма еще. Что же будет?! Слышите, странный какой-то гром, подземный? Что за кошмар!.. Плечи ломит от пледа... намок. Надо передохнуть. Среди хлябей с вами... Не отдышусь никак. Что? Профессора Чернобабина? Боже мой, Алексея Афанасьевича! Знали? О, какой это был!.. Три года уж, как скончался, после первого обыска, ударом. Как же, соседи были... И замечательный гидрограф... Не раз говорил, что здесь размоет, и эти холмы сползут! Всё ползет... А который час? Нет? украли? А у меня как раз сегодня, золотые часы... и всё! Даже воротник, оторвали, бобровый воротник... камчатский, восемьсот рублей в Харькове, с уступкой... оторвали! Кошмар!

Он был без шапки, повязана голова платочком.

— Дышать нечем, ффу... как под колпаком! Астма у меня. Но так не могу оставить... *Лишить последнего права!..* Зверь — и тот имеет право на логово... jus bestiarum. Но у зверя клыки и когти, а... Сорок лет стоять на охране права... и... Кошмар!..

Он встряхнул пледом, в который кутал плечи и голову, и я увидал осклизлые клочья ваты, где когда-то был воротник с бобром. Он был высокий, сухой, строгий, с лицом Мефистофеля в седой бородке, коротко остриженый под-бобрик, в пенснэ в роговой оправе.

— И шапку сняли, котиковую. Но тут не вещи, а... человек, субъект, права! Бегу в уголовную милицию, или... как там у них?.. Какое-нибудь, должно же быть право?! Как? никакого права?.. Значит, мы... только вещи?! Абсурд! У людоедов, у последних дикарей, есть! естественное право, jus naturale! У каннибалов... есть! У римлян было право рабов!.. jus servorum. Император Юстиниан... право колонов! Глядите кодекс Юстиниана, о!.. У каторжников даже... свое, своеобразно-логичное, каторжное право! Хаоса и они страшатся... — ткнул он в поток, в туман. — Вот в этом, в этой проклятой мути... нет никакого права! Как-с?.. Профессора Чернобабина?.. Но он скончался! Ах, да... дача еще стоит. Так он... что? Предсказал давно, что эти холмы сползут. К нему как?.. Позвольте... отсюда поворот... через две промоины, за балкой, где дача Варшева. Знаете его? Бывший народник, вегетарианец... кошмар! Уцепились за корову с женой, и теперь у них эта корова... в кабинете! от воров! И на нее взирают с одной стенки почтенный Златовратский, с другой — почтеннейший Михайловский и... всепочтеннейший Чернышевский! А она им... хвостом, понимаете... и именинные пироги!.. Кошмар!.. Увидите!.. Пьют молочко, кушают маслице и стонут, что их ограбили. Распродали по высокой цене участки, вырезали себе кусочек и ухитряются получать паек за... социалистическую шкурку-с! И их не грабят. Навестите, непременно навестите... И послушайте, как поют! А я... за право! и буду! Пусть всё отнимут, последнюю рубаху снимут, но... пусть... пусть мне точно нормируют объем моих прав, хотя бы право последнего раба, право червя, но...

право строго хранимое!.. чтобы я не был взвешен, как какая-то пылинка в вихре!.. Иначе... кошмар!..

Он резко сорвал пенснэ и стал протирать привычно, кусочком пледа. Синие его губы дергались, кривились едко.

— Нет, я обязан потребовать точно определенных норм. О-бя-зан!.. Как не хватает воздуха... у меня не хватает... фуу. Я ждал, охранял первичное мое, мои вещи... И вот... Пусть издадут специальную новеллу хотя бы для изгоев! Вы же тоже изгой?! Прекрасно. Вчера вечером я колол дрова. Засветло еще было. Приходят трое, лица в тряпках, вымараны сажей... с ружьями. Ясно, кто. Хватают моих внучек... малюток трех и пяти лет... за волосы!.. и грозят стукнуть головками друг о дружку!.. Кошмар!.. И требуют золотой портсигар! Прекрасно ориентированы каким-нибудь негодяем. У меня был портсигар восемьдесят четыре золотника, девяносто шестой пробы, от друзей-сослуживцев, в день сорокалетия моей службы в магистратуре... как прокурор Палаты... юбилейный, на черный день. Выдал, после короткой реплики. И всё, что было тщательно спрятано. Иначе грозили разбить головки Лидусе и Марочке!.. Вы представляете этот... кошмар?! Семь верст от города, в глубине балки... ну, что я мог?! Стащили с постели почтенную женщину, мою жену... нашу дорогую бабушку...— сжал он меня за плечи, и его синие губы запрыгали, — которая лежала в параличе, от всех этих потрясений... распороли перину и — всё! Сколько-то выигрышных билетов... кажется, двадцать семь... экономия всей жизни... всех трех займов... семнадцать империалов, лично ее от экономии... давали на-зубок нашим детям... с годами рождений!.. понимаете?!. ее приданные бриллиантовые сережки... свадебное колье дочери, известной артистки... она пела перед войной в Италии... и это муж, богатый итальянец, подарил ей... стоило двадцать тысяч... этих... лир, что-ли? Мои золотые часы с монограммами, подарок корпорации... прокуратуры окружного суда, когда я получил назначение в Палату... бриллиантовые запонки, обручальные кольца, медальон матушки с прядью ее волос... У меня весь реестр "выемок"... — показал он на боковой карман,

— на прежний счет тысяч на пятьдесят, не считая акций Азовско-Донского Банка!.. Было два обыска, пока, но бабушку не стаскивали официально, если так можно выразиться... и под ней всё хранилось. Для меня, это место, в ее перине... было наисвященнейшее пристанище! Понимаете... это уже последнее право, право одра болезни, юс морби, что-ли! Право лежать — больного человека! а они стащили на пол полуживого человека, почтенную женщину, сняли с нее сорочку, ошаривали всё тело!.. Кошмар!.. Пусть их немедленно задержат и привлекут!! одного я признал — солдат с кордона, ихний! Я уличу... и докажу, что нельзя лишать последнего человеческого права... права умереть спокойно! Даже у зверей, живущих стадно... например, гуси... Я им укажу на Брэма!.. Они издают декреты, и они должны...

— Как, вы хотите туда?!. — перебил я его, стараясь овладеть мыслями.

Он вдруг запахнулся пледом и прыгнул в воду.

— Докажу!.. — крикнул он из тумана, чернея крыльями. — Сорок лет на основе права!..

Мелькнули в тумане черные его крылья и пропали. Я крикнул:

— Постойте!.. стойте!!.

— Что?.. — крикнуло глухо из тумана, и я увидал смутную фигуру.

— Там же новая регистрация!.. — крикнул я, — товарищ Месяц... грозит расстрелом!..

— Это к уголовной милиции... производить дознания и я в отставке! Два раза обыскивали... Пусть они оградят право своих рабов, которые вынуждены были... мое право! Если первичные нормы права разрушены... — хаос! Сорок лет я оберегал незыблемость закона и не могу!.. Дело не в портсигаре, а...

И он провалился в муть.

Я долго искал дачу профессора Чернобабина. В плеске, ливне и грохоте крепко-трескуче билось в моих ушах: пра-во, прра-во! и я повторял его, это крепкое слово — право. Оно навязло на языке, завязло в мыслях, отдавалось в прыжках по лужам. Оно воплощалось, становилось чем-то, таинственным существом каким-то, вертелось со мной в тумане. Бобровый воротник, портсигар, бандиты, детские милые головки, людоеды, гуси, рабы, расстрелы... — вместе с ним вертелось, черными крыльями махало, и всё — туман!

Я глядел в душную гущину тумана. Там разверзались хляби. Там разнималось, рушилось в пустоту.

Я нашел, наконец, дачу профессора Чернобабина но — никакого Семена Лычки.

— Лычка? Лы-чка... — бессмысленно повторял чуть державшийся на ногах старик, варивший под навесом с другим таким же, татарином, лошадиные маслаки в котле, вонявшие кислым клеем. — Такого что-то и не было... Лычка!.. У меня брат был, Степан... так он Дыч-ка... и я тоже, Никифор Дычка... с Полтавщины, давно здесь. Хороший садовник был, всякие розы умел ухаживать, при покойном Ликсей Опанасьице. Другая неделя пошла, как помер. Мы с Якиром и закопали его, без покрова-погребения, в клунбе вон закопали... — показал старик на большую клумбу со свежим холмиком, засаженную голыми деревцами роз.

— Нема Степан... — отмахнул головой старик-татарин и заморгал на клумбу. — Ушла далеко.

— А Лычки не было. Это вам про Степана нашего говорили: Степан Дычка, мол! Верно, Степан ходил до Симхверополя, носил добрым людям и письма. Вино носил, на мучку выменивал. Так и жили. А теперь... коня дохлого варим, нашли в балке, кости уж... Побили нашего Степана за горами, шибко побили... кормильца нашего. И вино отняли. Насилу дополз до дачи... три дня всё полз, помирать дома. Лег и не вставал... всё жаловался... Сердце ему отбили. Четыре денька подышал. Это Степан Дычка. А Лычки... такого нет. И не было никогда. Что за Лычка?.. Такого не было.

— Зима пришел, ничего нема... — покивал татарин.

— Голова болит стал... живот болит стал.

И тонко, жалобно, как ребенок, заплакал в руки.

Я пошел от этих двух стариков. Долго бродил в тумане, искал дачу Варшева с молоком, с коровой.

К ночи пришел на горку ко мне сосед, рассказывал:

— А вот чего случилось, милицейский рассказывал. Прибежал к ним сумасшедший человек один. Оказывается, который судебной палаты был, дача у него за Варшевым, "Светлодар". Жили тихо. На базар одежку носил, выменивал. И прибег жаловаться, ограбили его, будто, ночью. За беспорядки жаловался, законов у вас нет! Наш, в высокой шапке-то который, словно халдей какой... начальник розыска, как его... Семыкин! Ну, всё записал, чего ограбили. На боле сто милиенов! Так и ахнули! Как так, у вас столько раз леквизовали, и такой нашей власти убыток от вашего обмана? Всё и записали в протокол. И легистрацию велел подписать, какого происхождения. Выходит, поркурор! Сейчас его с милицейскими к Месяцу прямо в лапы! под расписку! А Месяц в автомобиль садился, в Ялту ехать. Подхватил его с собой, помчал. "Вот дак орла поймали!" — говорит. Смеялись там. Говорят там уж без разговору. Говорят, сколько тыщ народу от него страдали на каторге, самый для народа вредный был. А подручных Месяц послал на дачу, забрать всех, и в подвал, до его приезду, и всё забрать. А тот их пушил!.. Так разносил, ничего не боится! Раз сумасшедший, за себя уж не отвечает. На самого даже Месяца накричал!.. Ну, теперь уж без разговору...

Март, 1928 г.
Париж

143